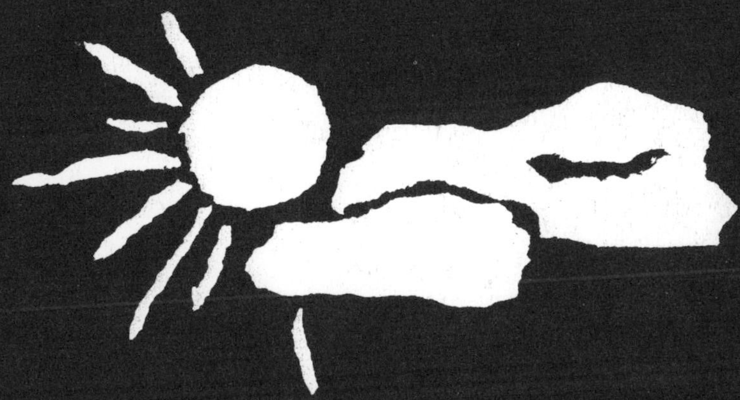

Basteln mit Naturmaterialien

Ursula Barff (Hrsg.): Lauter tolle Sachen, die Kinder gerne machen

Basteln mit Naturmaterialien

rund ums Jahr

FALKEN

INHALT

Vorwort

Ein ganz besonderes Bastelbuch möchten wir Ihnen heute vorstellen – ein Buch, in dem vorwiegend mit Naturmaterialien gebastelt wird. Es soll die Phantasie der Kinder anregen, die Freude am eigenen Tun fördern und – wie alle unsere Bastelbücher – Fähigkeiten und Fertigkeiten entwickeln und damit das Selbstvertrauen des Kindes stärken.

Durch das Verwenden von Naturmaterial erhält unsere Bastelarbeit aber auch einen neuen und, wie wir meinen, sehr wichtigen Aspekt. Diese Materialien werden in den wenigsten Fällen gekauft. Die meisten müssen wir im Freien ausfindig machen, sie sammeln, sortieren und richtig aufbewahren, damit sie für unsere Zwecke geeignet sind. Die Kinder lernen dadurch genauer hinzuschauen, zu beobachten, Entwicklungen und Zusammenhänge zu verstehen. Wir können dadurch unserem Kind viel mehr vermitteln als die Anregung für eine Bastelarbeit. Das Kind kann so, ganz nebenbei, Natur im Wandel der Jahreszeiten erleben. Das Material, das wir verwenden, ist stark zeitgebunden und daher ist es vorteilhaft, daß das Buch, den Jahreszeiten folgend, in vier Kapitel gegliedert ist. So finden wir schnell die passenden Vorschläge.

Noch etwas sollte uns bewußt werden: Da wir niemals zwei Steine, zwei Muscheln oder zwei Stöcke finden werden, die genau gleich aussehen, sind die Dinge, die wir herstellen, einmalig, Unikate. Natürlich können sie daher auch etwas anders aussehen, als die im Buch vorgestellten Bastelarbeiten.

Wir wünschen uns, daß dieses Buch nicht nur die Freude am Basteln, sondern auch Verständnis und Liebe für die Natur weckt.

Viel Spaß und gutes Gelingen wünscht Ihnen

Ursula Barff

Das Abpausen von Vorlagen

Nicht jeder ist ein Zeichenkünstler, und so kommt es des öfteren vor, daß eine Bastelarbeit nicht so ausfällt, wie man es sich vorgestellt hat, nur weil es mit dem Zeichnen nicht so geklappt hat. Deshalb haben wir für alle schwer zu zeichnenden Dinge Abpausvorlagen aufgenommen, die auf dem beigefügten Vorlagebogen abgedruckt sind.
Grundsätzlich gibt es zwei Möglichkeiten des Abpausens:

Das Abpausen mit Pergamentpapier
Pergamentpapier ist ein durchscheinendes, festes Papier, das es im Schreibwarengeschäft zu kaufen gibt. Auch Architekturbüros arbeiten viel mit dieser Papierart, und man kann unter Umständen dort kostenlose Pergamentpapierabfälle bekommen.
Man kann auch Butterbrotpapier benutzen, das fast dieselben Eigenschaften hat, nur etwas dünner und weniger fest ist als Pergamentpapier. Außerdem benötigen wir bei dieser Art des Abpausens noch einen weichen Bleistift.

1. Wir legen das Papier auf die Vorlage, die wir abpausen wollen, und ziehen mit dem Bleistift die Linien nach. Dabei achten wir darauf, daß sich das Abpauspapier nicht verschiebt.

2. Bevor wir das Papier wegnehmen, kontrollieren wir, ob wir auch wirklich alle Linien nachgezogen haben.

3. Anschließend wenden wir das Papier und legen es auf die Pappe oder auf das Papier, auf das unsere Vorlage übertragen werden soll. Die mit Bleistift gezogenen Linien liegen nun auf dem neuen Papier.

4. Mit kräftigem Druck ziehen wir die Linien nun alle nochmals nach. Da wir mit einem weichen Bleistift gearbeitet haben, haften dabei die ersten Linien auf dem Papier oder auf der Pappe, und das gewünschte Muster erscheint. Wir kontrollieren, ob wir auch alle Striche nachgezogen haben, und können unser Bild dann ausschneiden.

Das Abpausen mit Pauspapier
Pauspapier gibt es in Schwarz und in Weiß. Schwarzes – auch Kohlepapier genannt – erhält man im Schreibwarengeschäft, da es normalerweise zum Anfertigen von Briefdurchschlägen verwendet wird. Weißes oder helles Pauspapier gibt es im Bastel- oder Handarbeitsgeschäft. Mit diesem Papier wollen wir arbeiten, wenn wir eine Vorlage auf einen dunklen Untergrund durchpausen möchten. Beide Pauspapierarten können recht oft verwendet werden. Erst wenn die Beschichtung abgenutzt ist, muß man ein neues Papier nehmen.

1. Zuunterst legen wir das Papier oder die Pappe, auf die wir die Vorlage übertragen wollen. Darauf kommt das Kohlepapier, und zwar mit der färbenden Seite nach unten. Zuoberst legen wir die Vorlage, die wir abpausen wollen.

2. Damit beim Abpausen nichts wegrutscht oder sich verschiebt, sollten wir die drei Blätter mit Büroklammern zusammenhalten.

3. Nun ziehen wir mit dem Bleistift die Linien unserer Vorlage nach. Sie übertragen sich direkt auf die Unterlage. Das durchgepauste Bild kann anschließend sorgfältig ausgeschnitten werden.

FRÜHLI

Wenn Weidenkätzchen stehn am Strauch
und Schneeglöckchen erfreun uns auch,
wenn Osterglocken blühen,
Zugvögel nordwärts ziehen,
wenn Hasen Eier verstecken
und Kinder Nester entdecken,
dann wissen's alle, groß und klein:
Der Frühling zieht jetzt bei uns ein!

Vogelmobile

2. Da die nun feuchte Peddigschiene nicht geklebt werden kann, fixieren wir die Enden jeweils mit einer Wäscheklammer.

3. Nach dem Trocknen kleben wir die Enden mit Klebstoff fest und fügen Kopf und Bauch aneinander.

VOGELMOBILE

Alter
ab 6 Jahre

Material
1 Bündel Peddigschiene
ungesponnene Schafwolle
gefärbte Perlhuhnfedern
roter Tonpapierrest
Schere
Klebstoff
Wäscheklammern
Heu oder getrocknete Gräser
Reisig
1 dekorativer Zweig
Nylonschnur

Ein zur Jahreszeit passendes Mobile ist immer eine hübsche Dekoration im Raum.
Die Herstellung dieses Mobiles mit Vogelfamilie erfordert etwas Geschick und Geduld, deshalb sollte beim Basteln ein Erwachsener helfen.

1. Für die Herstellung der Vögel weichen wir die Peddigschiene etwa 15 Minuten in Wasser ein. Nun wickeln wir sie zu einzelnen Rollen auf. Für die Vogelbabies sollten die Rollen einen Durchmesser von 2 cm für den Kopf und 3–4 cm für den Bauch haben, für die Vogeleltern entsprechend 3 und 5 cm.

4. Die Vogelbabies erhalten am Körper einen Flaum aus Wolle, den wir mit der Schere etwas zurechtschneiden. Darauf kleben wir links und rechts auf den Körper eine kleine Feder als Flügel sowie hinten eine Schwanzfeder.

5. Die großen Vögel streichen wir am Bauch beidseitig mit Kleber ein und bringen größere Federn dicht nebeneinander an.

6. Für die Schnäbel schneiden wir jeweils ein in der Mitte gefaltetes Stück Tonpapier in der Breite der Peddigschiene zu einem Dreieck aus und kleben es an den Kopf.

7. Für das Nest verwenden wir ein kleines Bündel Reisig, legen es zu einem Nest und verschlingen die Enden miteinander. Eventuell können wir sie auch mit etwas Kordel festbinden. Dorthinein legen wir nun das Heu und drücken mit der Hand eine nestförmige Mulde hinein.

8. Wir setzen die Vogelbabies in das Nest und klemmen es zwischen die Äste unseres großen Zweiges. Die Vogeleltern werden mit etwas Klebstoff auf den Zweigen befestigt.

9. An Nylonschnüren, die wir beidseitig am Zweig anbringen, können wir unser Mobile dann aufhängen.

Keime und Sprossen

KEIME UND SPROSSEN

Alter
ab 5 Jahre
Material
Zum Sprossenziehen:
1 Glas
je etwa 10 ungeschälte, getrocknete Erbsen, Linsen und Weizen- oder Roggenkörner
Mungobohnen
1 kleines Haarsieb
1 Deckel in der Größe des Siebes

Als Beilage für ein Gericht:
etwa 2 EL Körner nach Geschmack
1 leeres Marmeladenglas
Gaze
Gummiring

Keime und Sprossen beim Wachsen zu beobachten und später zu kosten wird Ihren interessierten Kindern sicher gefallen, denn dabei ereignen sich in der Küche kleine Naturwunder.
Getrocknete Erbsen und Linsen haben Sie bestimmt im Haus; Weizen, Roggen oder Mungobohnen gibt es in Naturkostläden lose zu kaufen. Für einen ersten Versuch genügt eine kleine Menge.

1. Wir geben die Erbsen, Linsen, Weizen- oder Roggenkörner und Mungobohnen in ein Glas, gießen Wasser darüber und lassen es etwa 12 Stunden stehen.

2. Nun schütten wir die Körner über dem Spülbecken in ein Haarsieb und lassen frisches Wasser darüber laufen. Das Sieb stellen wir zum Abtropfen auf einen Behälter.
Bereits jetzt können wir beobachten, daß sich etwas verändert hat. Die eingeweichten Körner sind alle viel dicker geworden. Sie haben sich nämlich mit Wasser vollgesogen.

3. Jetzt brauchen wir etwas Geduld, denn 1–2 Tage sieht es so aus, als würde nichts weiter geschehen. In dieser Zeit müssen wir aber 2- bis 3mal pro Tag frisches Wasser über die Körner laufen lassen und danach immer einen Deckel darüber legen, damit sie auch feucht bleiben. Schließlich können wir beobachten, daß sich die ersten Keime gebildet haben.

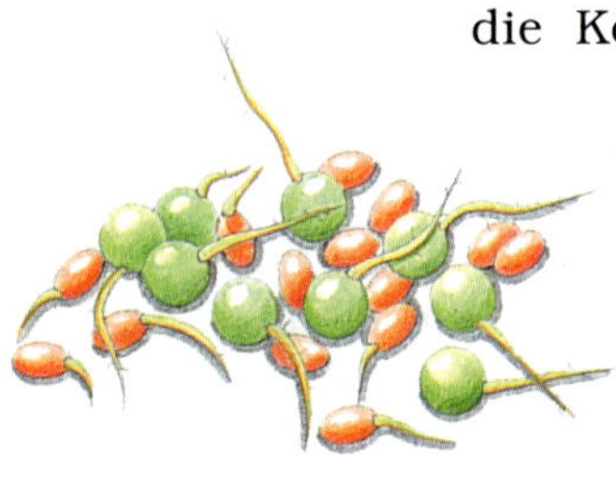

4. Wir „gießen" das Ganze weiterhin regelmäßig und merken, daß es im Sieb immer voller wird. Wenn die Keime etwa 2 cm gewachsen sind, können wir sie probieren. Sie schmecken frisch und knackig. Die einen etwas süßlich, die anderen ganz leicht bitter. Länger als 2–3 cm sollten wir sie aber nicht wachsen lassen, da die Spitzen sonst braun werden und der Geschmack dann verlorengeht.

5. Wer an der einen oder anderen Sorte Geschmack gefunden hat, kann sich seine Lieblingssprossen nochmal alleine ziehen, und ein Gericht daraus zubereiten. Wir weichen dazu etwa 2 Eßlöffel von einer Sorte Körner ein. Diesmal füllen wir sie in ein leeres Marmeladenglas, decken etwas Gaze darüber und befestigen sie mit einem Gummiring. Dadurch können wir problemlos Wasser einfüllen und abgießen, und es kommt immer genügend Luft an die Körner.

Wir stellen das Glas mit der Öffnung nach unten, schräg abgestützt, auf und warten 3–4 Tage, bis die Sprossen gewachsen sind. Natürlich müssen wir auch hierbei täglich 2- bis 3mal mit frischem Wasser spülen.

Gemüsesuppe mit Linsen- oder Erbsensprossen

Auch eine Gemüsesuppe läßt sich mit verschiedenen Zutaten variieren. Vielleicht bummeln Sie mal zusammen mit Ihrem Kind über den Wochenmarkt und halten nach verschiedenen Gemüsesorten Ausschau.

1. Karotte, Sellerie, Kartoffel und Kohlrabi schälen und waschen wir, schneiden alles in kleine Würfel und geben es in eine Schüssel.

2. Von der Lauchstange entfernen wir welke Blätter. Wir teilen sie der Länge nach durch, waschen sie gründlich und schneiden sie in Streifen. Der Zucchino wird gewaschen und ungeschält in Scheiben geschnitten, wobei wir das obere und untere Ende nicht verwenden. Lauch und Zucchinischeiben legen wir in eine andere Schüssel.

3. Wir messen 1 Liter Wasser ab, füllen es zusammen mit den Brühwürfeln in einen Topf und bringen es kurz zum Kochen.

4. In einem anderen Topf erhitzen wir die Margarine und geben Gemüsewürfel und Sprossen dazu. Unter häufigem Umrühren lassen wir alles etwa 5 Minuten andünsten.

5. Jetzt gießen wir die heiße Brühe darüber, bringen die Suppe zum Kochen und geben Nudeln, Zucchinischeiben und Lauchstreifen dazu. Wir schalten auf Stufe 1, decken den Topf ab und lassen dann alles 15–20 Minuten garen. Dabei müssen wir gelegentlich umrühren.

6. Nachdem wir die Suppe in Teller gefüllt haben, können wir geriebenen Käse darüber streuen.

GEMÜSESUPPE MIT LINSEN- ODER ERBSENSPROSSEN

Alter
ab 4 Jahre
Teilnehmer
allein oder in einer Gruppe
Zutaten für 4 Personen
1 Karotte
1 Stange Lauch
1 Stück Sellerie
1 Kartoffel
1 Kohlrabi
1 kleiner Zucchino
1 Tasse Erbsen- oder Linsensprossen
2 Gemüsebrühwürfel
2 EL Margarine
2 EL Sternchen- oder Buchstabennudeln
geriebener Käse

Eine Blume wächst

EINE BLUME WÄCHST

Alter
ab 4 Jahre
Teilnehmer
Gruppe
Material
passende Musik
Tücher

Im Frühling steht das Thema Wachsen im Mittelpunkt. Nachdem wir mit den Kindern bei einem Spaziergang die wachsende Natur beobachtet und vielleicht selbst etwas gepflanzt haben, können wir dieses Thema auch einmal als Tanzspiel umsetzen. Erklären Sie den Kindern die einzelnen Wachstumsstufen der Pflanzen, und animieren Sie sie dazu, diese einzelnen Phasen mit verschiedenen Körperbewegungen zur Musik nachzuempfinden.
Am besten paßt hierbei klassische Musik für Kinder, zum Beispiel „Morgenstimmung“ von Edvard Grieg.

Wir stellen uns vor, wir wären alle Samenkörner; verteilen uns gleichmäßig im Raum, legen uns hin und machen uns ganz klein. *(Jedes Kind deckt sich mit einem Tuch zu.)*

Sobald die Musik einsetzt, dürfen die Samenkörner wachsen. Jedes Kind versucht nun als Blumensamen ganz allein und in seinem eigenen Rhythmus zu wachsen.

1. Wir bewegen uns und strecken die Beine. *(Wurzeln bilden sich aus.)*

2. Wir werfen das Tuch ab. *(Der Samen durchbricht die Erde.)*

3. Wir stehen langsam auf. *(Das Pflänzchen wächst.)*

4. Die Arme bilden langsam einen Kreis über dem Kopf. *(Die Blüte entfaltet sich.)*

5. Wir bewegen die Arme hin und her. *(Die Blume wiegt sich im Frühlingswind.)*

Die Musik wird leiser.

6. Wir senken langsam Arme und Kopf. *(Die Blüte welkt.)*

7. Wir fallen langsam zur Erde. *(Die Blume ist verwelkt.)*

Die Musik setzt aus, wenn alle Blumen verblüht sind, also alle Kinder ruhig am Boden liegen.

Ostergarten

OSTERGARTEN

Alter
ab 4 Jahre
Material
Lappenmoos
dünne gerade Zweige
Messer
Säge
Holzleim
Kordel
Maßband
Forsythienzweige
Osterglocken
1 Strohpüppchen (Bastelbedarf)
Dauer
ca. 1 Stunde

Ostern ohne ein Osternest ist für Kinder wohl kaum vorstellbar. Eine etwas aufwendigere Variante ist dieser Ostergarten, der auch nach Ostern noch ein hübscher Schmuck für den Garten sein kann.

1. Wir suchen uns eine geeignete Stelle im Garten und breiten darauf einen Teil des Lappenmooses auf einer Fläche von etwa 30 x 50 cm aus.

2. In einer Ecke bauen wir das Nest auf. Wir wickeln einige große Moosstücke zu einer Rolle auf und formen sie zu einem Nest. Das Innere des Nestes legen wir nochmal mit Moos aus.

3. An der Vorderseite des Gartens stellen wir einen Zaun auf. Dazu nehmen wir 6 Stöckchen mit einer Länge von je 10 cm und stecken sie

in einem Abstand von je 10 cm in den Boden. Das sind unsere Zaunpfähle. Dazwischen binden wir mit der Kordel jeweils zwei Stöckchen über Kreuz an den „Zaunpfählen" fest.

4. An den drei anderen Seiten unseres Gartens stecken wir Forsythien- oder andere blühende Zweige in den Boden und verzieren den Garten mit Osterglocken, Hyazinthen o. ä.

6. Das Bänkchen stellen wir in den Garten und setzen das Püppchen darauf. Wir können den Garten auch noch mit anderen österlichen Utensilien schmücken, zum Beispiel einem Häschen oder einem Huhn. Nun kann der Osterhase kommen!

5. Für das Bänkchen halbieren wir drei 15 cm lange gerade Stöckchen. Außerdem benötigen wir zwei Stöckchen von 11 cm Länge und vier von 6 cm Länge. Nun verbinden wir die Teile wie folgt: Wir stellen zuerst Rükkenlehne und Sitzfläche zusammen. Danach befestigen wir die Sitzfläche an der Rückenlehne und kleben zum Schluß die Beine an. An den angegebenen Stellen kerben wir die Hölzer etwas ein, damit die Rundungen aufeinanderpassen.

Osterbaum

OSTERBAUM

Alter
ab 6 Jahre (mit Hilfe eines Erwachsenen)
Material
1 Tonblumentopf, Ø ca. 36 cm
Blumenerde
Grassamen oder Hafer
2 m Holzleiste (2 cm breit, 1,5 cm hoch)
Maßband
Bleistift
Säge
Nägel
Hammer
lange Efeuranken
Blumendraht
Schleifenband

Es ist eine alte Tradition, Zimmer und Fenster für Feste wie Ostern und Weihnachten zu schmücken. Ein eindrucksvoller Raumschmuck ist dieser Osterbaum, den Sie gemeinsam mit Ihren Kindern anfertigen können. Das Einsäen des Blumentopfes können die Kinder schon allein übernehmen. Dies sollte etwa zwei Wochen vor der Anfertigung des Baumes geschehen, so daß der fertige Baum dann gleich „im Grünen" steht. Handwerklich geschickte Kinder können die Leisten fast ohne Hilfe zuschneiden und festnageln. Das Umwickeln der Leisten mit Efeuranken geht am besten zu zweit.

1. Wir füllen den Blumentopf mit Erde, säen darauf das Gras oder den Hafer (Hafer keimt schneller als Gras und die Halme sind dicker) und drücken die Erde mit der Hand etwas fest. Regelmäßiges Gießen nicht vergessen!

2. Für die Anfertigung des Baumes sägen wir die Holzleiste in fünf Teile. Dafür messen wir mit dem Maßband folgende Längen ab, markieren sie mit dem Bleistift und sägen sie zu: 1 x 15 cm, 1 x 25 cm, 1 x 35 cm, 1 x 45 cm und 1 x 70 cm.

3. Nun werden die Teilstücke zusammengenagelt.

4. Nachdem das Gerüst fertiggestellt ist, beginnen wir, die Efeuranken um den Baum zu binden.
Zuerst wird der Stamm von oben nach unten umwickelt. Einer hält den Baum fest, der andere legt die Efeuranken spiralförmig in mehreren Schichten um den Stamm und bindet sie mit Blumendraht fest, bis das Lattengerüst nicht mehr zu sehen ist. Die unteren 20 cm des Stammes bleiben frei. Dieser Teil wird später in die Erde gesteckt.

5. Dort, wo die Efeuranken noch Lücken gelassen haben, stecken wir einzelne Efeublätter in das Geflecht. Wir können deren Stengel unter den Draht stecken, damit sie nicht verrutschen.

6. Zum Schluß schauen wir noch einmal, ob das Grün rundherum gleichmäßig verteilt ist, damit der Baum von allen Seiten schön anzusehen ist.

7. Den fertigen Baum stecken wir in den Blumentopf und binden eine große Schleife um den oberen Rand des Topfes.
Jetzt können wir die gefärbten Eier (s. Anleitung „Bunte Ostereier“) an die Äste des Baumes hängen.

Bunte Ostereier

Es macht den Kindern sicher Spaß, Eier auszublasen, zu färben und sie dann mit Ihrer Hilfe an den vorher gemeinsam angefertigten Osterbaum zu hängen.

1. Bevor wir die Eier färben, müssen sie ausgeblasen werden. Dafür waschen wir sie zunächst vorsichtig mit warmem Wasser.

2. Nun stechen wir mit dem Eierpiekser je ein Loch in die Eipole, welches wir dann mit dem Schraubendreher durch vorsichtiges Drehen erweitern.

3. Wir halten das Ei an den Mund und pusten, als ob wir einen Luftballon aufblasen, so lange in eines der Löcher hinein, bis beim anderen Loch der Inhalt des Eies herausgekommen ist. Anschließend wird das Ei mit Wasser ausgespült und mit Küchenkrepp abgetrocknet.

4. Nun können wir mit dem Färben beginnen. Wir kochen etwa 25–30 g des Färbemittels mit einem Liter Wasser auf und lassen das Ganze 15 Minuten ziehen. Dann gießen wir den Sud durch das Sieb ab.

5. In die noch heiße Flüssigkeit legen wir nun die Eier und beschweren sie vorsichtig mit dem Teller. Je länger die Eier in der Flüssigkeit liegen, desto intensiver wird ihre Farbe. Während des Färbens müssen wir die Eier einige Male drehen, damit die Farbe auch gleichmäßig angenommen wird.

6. Wir nehmen die Eier heraus und lassen sie auf Küchenkrepp oder in einem Eierkarton abtropfen.

7. Zum Aufhängen der Eier schneiden wir von der Goldkordel jeweils 10 Zentimeter lange Stücke ab, die wir an ein kurzes Stück Zahnstocher knoten. Diesen stecken wir in das Loch am spitzen Ende des Eies. Beim Zurückziehen stellt sich der Zahnstocher quer und der Faden sitzt fest. Nun kann der Osterbaum mit den Eiern dekoriert werden.

BUNTE OSTEREIER

Alter
ab 5 Jahre (mit Hilfe eines Erwachsenen)
Material
10 weiße Hühnereier
1 Eierpiekser
1 kleiner Kreuzschlitzschraubendreher
1 Schüssel
Naturfarben zum Eierfärben
1 alter Topf
1 Teesieb
Küchenkrepp
1 Teller in der Größe des Topfes
Holzzahnstocher
Goldfaden
Dauer
ca. 1 Stunde

Schoko-Ei

SCHOKO-EI

Alter
ab 4 Jahre (mit Hilfe eines Erwachsenen)
Material
1 ausgeblasenes Ei mit einem größeren Loch
Zutaten
4 Rippen Schokolade (ca. 60 g)
4 EL Wasser
Geräte
1 großer flacher Kochtopf
1 Sahnekännchen
1 Eßlöffel
Topflappen
Eierbecher oder -karton

Manchmal mißlingt das Ausblasen eines Eies, weil das Loch beim Einstechen zu groß ausbricht. Für diese Eier gibt es aber trotzdem noch eine Verwendungsmöglichkeit ...

1. Wir brechen die Schokolade in kleine Stücke, geben sie in ein Sahnekännchen und fügen 4 Eßlöffel Wasser hinzu. Das Sahnekännchen stellen wir in einen flachen Kochtopf und füllen diesen mit Wasser. Das Wasser bringen wir dann zum Sieden und schmelzen so die Schokolade im Wasserbad, bis sie ganz flüssig ist.

2. Das Ei, das wir innen sorgfältig ausgespült haben, stellen wir in den Eierbecher oder Eierkarton. Dann gießen wir vorsichtig die Schokolade ein. Zum Festwerden stellen wir das Ei in den Kühlschrank.

3. Ist die Schokolade hart geworden, können wir das Ei umdrehen und wie ein gewöhnliches Frühstücksei auf den Tisch stellen.

Bilder und Dekor aus Eierschalen

BILDER UND DEKOR AUS EIERSCHALEN

Alter
ab 5 Jahre
Material
Eierschalen
Wasserfarbe und Pinsel
Klebestift
Zahnstocher oder Schaschlikspieß
Bilder:
dünner Karton, weiß oder farbig

Ob es die Schale vom Frühstücksei ist, oder ob mal ein bemaltes Ei in die Brüche geht, werfen Sie die Schalen nicht weg, denn daraus lassen sich hübsche Dinge zaubern.

1. Wir spülen die Eierschalen gut ab und tupfen sie trocken, dann ziehen wir vorsichtig die weiche Innenhaut ab. Die Schalen lassen sich sonst schlecht in kleine Stückchen brechen.

2. Je nach Wunsch belassen wir die Eierschalen in Weiß und Naturbraun, oder wir malen sie mit Wasserfarben außen an und legen sie zum Trocknen auf ein Papier.

3. Für ein Eierschalenbild benötigen wir weißen oder farbigen Karton. Wir beginnen an einer beliebigen Stelle, streichen den Karton mit Klebestift ein, und legen ein etwa 2 Mark großes Stück Schale mit der Rundung nach oben darauf. Wir drücken es mit dem Finger platt, so daß die Schale zerspringt und die einzelnen Teile auf dem Karton kleben. So fahren wir mit verschiedenen Farben fort, bis unser Bild ausgefüllt ist.

Ostereier:
ausgeblasene Eier
Wasserfarben zum Grundieren
Sprühlack

Blumentopf und Eierbecher:
Tontopf, Ø 10–12 cm
Tontopf, Ø 5 cm
Sprühlack

4. Um eine Landschaft oder, wie hier abgebildet, ein Blumenmotiv zu gestalten, nehmen wir einen weißen Bogen Papier, legen verschiedenfarbige Eierschalen darauf und zerkleinern sie.

5. Wir streichen den Karton wieder mit Klebestift ein, befeuchten die Spitze eines Zahnstochers oder eines Schaschlikspießes mit wenig Kleber und setzen damit einzelne Schalenstückchen auf das Bild. Da wir nicht vorzeichnen, gestalten wir das Motiv nach Phantasie.

7. Bevor wir die Eier mit Eierschalen bekleben, können wir sie noch farbig grundieren. Beim Bekleben der Eier müssen wir aber besonders vorsichtig sein und die Schalenstückchen nur einzeln aufsetzen, da wir sonst das Ei zerdrücken würden. Das fertige Osterei besprühen wir dann ebenfalls mit Klarlack.

6. Wir können aber auch Blumentöpfe aus Ton mit Eierschalen bekleben.
Große Blumentöpfe können wir als Übertopf verwenden, die ganz kleinen sind genau passend als Eierbecher.
Die fertigen Töpfe überziehen wir mit farblosem Sprühlack.

Waldspaziergang

WALDSPAZIERGANG

Indianerzelte:
Alter
ab 5 Jahre
Material
6 dünne gerade Stöcke, ca. 25 cm lang
kleine Fichtenzweige
Kordel
Taschenmesser
Dauer
ca. 20 Minuten

Pfeife:
Alter
ab 8 Jahre (mit Hilfe eines Erwachsenen)
Material
1 Weidenstock, Länge ca. 20 cm, Ø 1 cm
Taschenmesser
Dauer
ca. 20 Minuten

Im Wald und am Wasser herumzutollen macht fast allen Kindern zu jeder Jahreszeit großen Spaß. Dabei wollen sie aber etwas erleben und entdecken und nicht „nur" spazierengehen wie die Erwachsenen. Die folgenden Ideen zeigen, wie interessant und aufregend ein Waldspaziergang sein kann.
Das wichtigste Utensil ist ein gutes Taschenmesser, am besten mit Säge und Bohrer. Ältere Kinder sollten ein eigenes Messer bekommen, für die kleineren schneidet besser ein Erwachsener das Material zurecht.
Die folgenden Bastelideen können in einem Rollenspiel Verwendung finden, zum Beispiel beim Indianerspielen: Mit einer Pfeife geben sich die Indianer Signale; an einem Fluß, dessen Wasser sie zu einem See gestaut haben, schlagen sie ihre Zelte auf. Die Kanus liegen am Ufer, der ganze Stamm ist am Lagerfeuer versammelt, da kommt plötzlich „Kleiner Bär" völlig erschöpft von der Büffeljagd zurück und berichtet, daß ...

Indianerzelte

1. Mit dem Taschenmesser spitzen wir die Stöcke zunächst von beiden Seiten an.

2. Nun stecken wir sie kreisförmig in die Erde, so daß sie sich an den Spitzen überkreuzen, und binden sie oben mit der Kordel zusammen.

3. Anschließend spitzen wir auch die Fichtenzweige etwas an und stecken sie dicht rund um das „Gerüst", so daß das Zelt bis auf einen kleinen Eingang geschlossen ist.

Pfeife

1. Zuerst ritzen wir die Rinde des Weidenstocks in der Mitte rundherum mit dem Messer ein.

2. Ungefähr 1 cm vom oberen Rand entfernt schneiden wir einen Keil für das Pfeifenloch heraus.

3. Nun klopfen wir mit dem Griff des Messers rundherum auf den Stock. Dadurch löst sich die Rinde vom Holz.

4. Anschließend ziehen wir mit einer leichten Drehung das Rindenröhrchen vom Holz. Wir müssen natürlich am dickeren Ende des Stocks ziehen, sonst reißt das Rindenröhrchen ein.

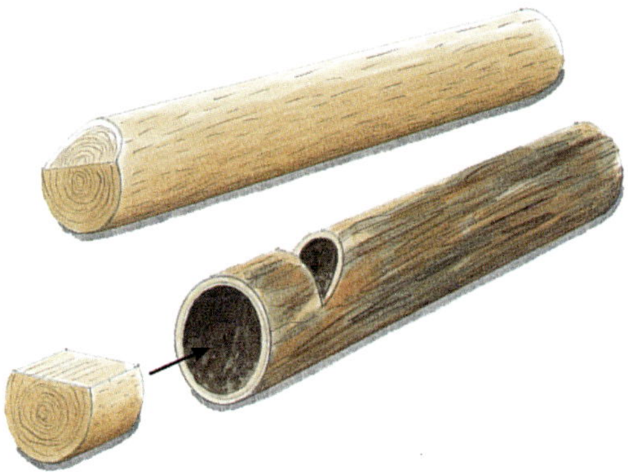

5. Von dem entrindeten Teil des Stocks schneiden wir nun ein 1 cm langes Stück ab, von diesem wiederum etwa ein Drittel.

6. Dieses Teil stecken wir als Mundstück vorn in die Pfeife.

7. Den restlichen Teil des Stocks schieben wir von der anderen Seite in das Rindenröhrchen. Je nachdem, wie weit wir das Holz hineinschieben, variiert die Tonlage.

Rindenschiffchen

RINDENSCHIFFCHEN

Alter
ab 8 Jahre
Material
Rinde
dünne Äste
Papier oder große Blätter
Taschenmesser

BOOT AUS HOLZRESTEN

Alter
ab 5 Jahre
Material
Brett, Länge ca. 25 cm
kleine Holzreste
Holzstab
buntes Papier
Säge
Holzleim
Schnur
Heftklammer oder Reißzwecken

Das Rindenschiffchen ist ein Klassiker unter den selbstgebauten Schiffen. Rinde liegt oft am Wegesrand; besonders geeignet ist Kiefernrinde, da sich diese leicht schnitzen läßt.

1. Mit dem Taschenmesser schneiden wir den Schiffsrumpf zu: Ein längliches Stück Rinde wird vorn spitz zugeschnitten. Übrigens: etwas breitere Schiffe schwimmen besser als schmale.

2. Wir suchen uns zwei dünne Äste und kürzen sie auf die nötige Mastlänge.

3. Wir bohren mit dem Taschenmesser zwei Löcher in den Schiffsrumpf und stecken die Maste hinein.

4. Toll sind Segel aus großen Blättern, in die wir vorsichtig oben und unten zwei Löcher für den Mast stechen. Wir können uns aber auch Segel aus Papier zuschneiden (Maße etwa 10 x 15 cm). Dann bohren wir oben und unten jeweils ein Loch in unsere Segel und stecken sie auf die Maste.

Boot aus Holzresten

Wenn Sie selbst keine Holzreste in Ihrem Hobbykeller haben, fragen Sie einmal in einem Baumarkt nach kostenlosem Abfallholz. Die Grundform des Bootes besteht aus einem etwa 25 cm langen Brett, das Sie vorn beidseitig spitz zusägen. Bereiten Sie diese Grundform für das Kind vor.

Wir können aus Holzresten tolle Boote basteln. Ideen für die unterschiedlichsten Bootstypen entstehen beim Durchsehen der Holzreste.

1. Wir suchen uns aus den Holzresten passende Teile heraus und legen sie probeweise auf die vorbereitete Grundform. Maste bekommen Halt, wenn wir sie seitlich an Holzstücke lehnen und später ankleben.

2. Wir streichen die Unterseiten der Holzreste mit Holzleim ein und kleben sie auf die Grundform. Die Maste kleben wir seitlich und unten an.

3. Anschließend knoten wir eine Schnur oben an die beiden Maste und befestigen ein Ende mit einer Heftklammer oder einer Reißzwecke am hinteren Teil des Bootes.

4. Für die bunten Fähnchen schneiden wir aus gefalztem Tonpapier kleine Dreiecke und kleben sie um die Schnur.

Piratenfloß

Dieses Floß ist im Nu gebaut und kann es an Schnelligkeit sicher mit den anderen Booten aufnehmen. Animieren Sie die Kinder doch dazu, ein Bootwettrennen zu veranstalten, bei dem jeder mit seinem eigenen, selbstgebastelten Boot an den Start geht.

PIRATENFLOSS

Alter
ab 6 Jahre

Material
15 Weinkorken
1 Schaschlikspieß
Tonpapier in Schwarz
Tonpapierrest in Rot
weißer Buntstift
Schere
Klebstoff

1. Wir kleben die 15 Korken in drei Reihen zusammen. Das Viereck lassen wir mehrere Stunden, am besten über Nacht, trocknen.

2. Wir schneiden aus schwarzem Papier ein etwa 10 x 14 cm großes Quadrat als Segel zu. Vom Vorlagebogen pausen wir den Totenkopf ab und malen ihn mit einem weißen Bleistift auf das Segel.

3. Wir bohren mit der Schere in die obere und untere Mitte des Segels kleine Löcher, durch die wir den Schaschlikspieß als Mast stecken.

4. Aus rotem Tonpapier schneiden wir ein kleines Fähnchen aus und kleben es oben um den Mast.

5. Zum Schluß stecken wir den Schaschlikspieß mit der Spitze in die Mitte unseres Floßes.

Bast-eleien

BAST-ELEIEN

Alter
ab 5 Jahre
Material
Für die Herzen:
Bast, naturfarben oder gefärbt
Schere
Faden

Für die Serviettenringe:
leere Toilettenpapier- oder Folienrolle
Küchenmesser
Klebstoff
Wäscheklammer

Ein Bastherz „pur" oder als kleiner Anhänger für eine hübsche Geschenkverpackung zum Muttertag und Serviettenringe für den sonntäglichen Tisch – Sie müßten vielleicht nur beim Flechten des Zopfes Hilfestellung leisten.

Herzen

1. Wir schneiden 15 Bastschnüre auf eine Länge von ca. 60 cm zu. Dabei können wir eine Farbe wählen, oder mehrere miteinander kombinieren.

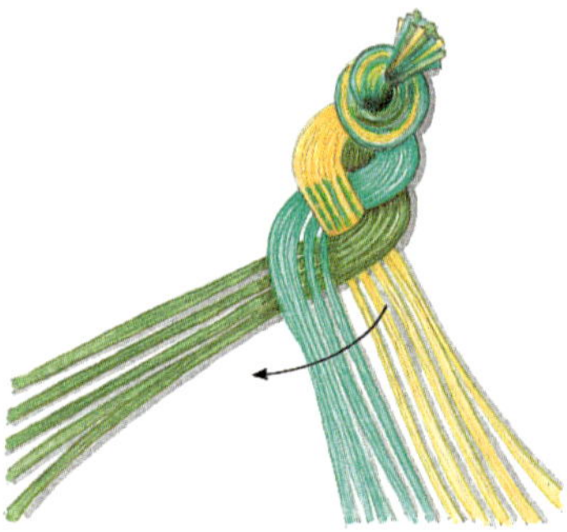

2. Am oberen Ende knoten wir die Schnüre zusammen und flechten aus den 3 Strängen zu je 5 Schnüren einen Zopf.

3. Wir halten das obere und untere Ende des Zopfes zusammen, umwickeln es 2 bis 3mal mit Bast und verknoten es. Dadurch ist eine große Schlaufe entstanden. Deren Mitte binden wir jetzt so zusammen, daß sie zu den verknoteten Enden zeigt. So bildet sich ein Herz.

4. Die Schlaufe und den überstehenden großen Knoten schneiden wir kurz ab und ziehen am oberen Teil einen Faden als Aufhänger durch.

Serviettenringe

1. Mit einem Küchenmesser schneiden wir eine leere Toilettenpapier- oder Folienrolle in etwa 2 cm breite Ringe.

2. Wir nehmen ein etwa 2 m langes Stück Bast, halten ein Ende an der Innenseite des Ringes fest und umwickeln ihn in dichten Reihen einmal rundherum. Die restliche Bastschnur schneiden wir kurz ab und kleben das Ende innen fest. Bis zum Trocknen halten wir es mit einer Wäscheklammer zusammen.

Fensterbild Baum

Wenn Sie aus dem Fenster schauen, und es regnet mal wieder, dann betrachten Sie doch lieber den Baum, der darin hängt. Ihn erschüttert kein Wetter, und es fallen keine Blüten ab – sofern sie gut angeklebt sind.

1. Wir sammeln einige dünne verästelte Zweige in etwa einer Länge. Wir halten sie wie einen Blumenstrauß zusammen und knicken die Verästelungen im unteren Drittel ab. Die „Stiele" wickeln wir mit Faden oder Blumendraht zusammen.

2. Zweige, die nach vorn oder hinten abstehen, biegen wir zur Seite oder knicken sie ab. Richtig platt wird unser Baum, wenn wir ihn eine Stunde im Wasser einweichen, dann zwischen zwei Zeitungen legen und über Nacht mit einem Gegenstand beschweren.

3. Jetzt fertigen wir einen Rahmen aus vier möglichst geraden Zweigstücken, die wir zu einem Rechteck zusammenlegen. Der Baum muß auf allen Seiten etwas über den Rahmen hinausragen. Wir können die vier Zweige zusammenkleben oder zusammenbinden.

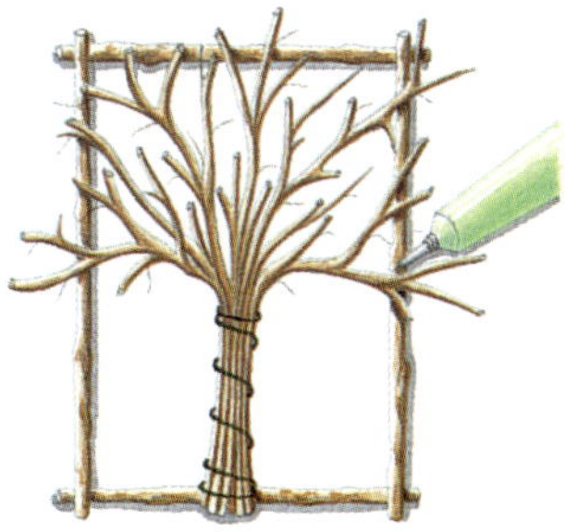

4. Den Baum befestigen wir auf dem Rahmen, indem wir die Zweige an den Stellen mit Kleber betupfen, wo sie auf dem Rahmen aufliegen.

5. Wir geben dem Baum ein Frühlings- oder ein Herbstkleid. Dafür kleben wir kleine getrocknete Blüten, zum Beispiel vom Schleierkraut, oder kleine Blätter an.

6. Als Aufhänger befestigen wir an den oberen beiden Ecken des Rahmens einen Faden.

FENSTERBILD BAUM

Alter
ab 5 Jahre
Material
dünne verästelte Zweige
4 dickere gerade Zweige
Faden oder Blumendraht
Klebstoff
Zeitungen
kleine gepreßte Blätter oder kleine getrocknete Blüten
eventuell durchsichtige Glasperlen

Glückskacheln

GLÜCKSKACHELN

Alter
ab 5 Jahre
Material
Für den Käfer:
Kaffeebohnen
Wasserfarbe oder Fingerfarbe, rot, schwarz
Pinsel
Filzstift, schwarz

Für die Glückskacheln:
1 kleine Kachel
Lineal
Bleistift
1 Aufhänger
Trockenblumen
Kleber
1 Kaffeebohnenkäfer
Filzstift, „permanent"

Diese Bastelarbeit kann auch ein Geschenk zum Muttertag werden. Beim Bemalen der Kaffeebohnen sollten Sie dem Kind allerdings etwas Hilfestellung geben.

1. Marienkäfer:
Wir bemalen eine Kaffeebohne mit roter Farbe. Anschließend malen wir das Köpfchen mit schwarzer Farbe an. Mit einem dünnen Pinsel oder einem Filzstift ziehen wir einen dünnen Strich auf dem Rücken und zeichnen rechts und links davon kleine Punkte.

2. Wir drehen die Kachel auf die Rückseite und bestimmen mit einem Lineal die Mitte des Kachelrandes. Dort zeichnen wir mit Bleistift einen kleinen Strich auf. Wir kleben den Aufhänger dann so an, daß sich der Haken genau über dem Bleistiftstrich befindet.

3. Auf die Vorderseite der Kachel legen wir vorsichtig ein kleines Sträußchen aus Trockenblumen und kleben die einzelnen Teile fest. Den Käfer kleben wir darüber und malen mit dem Filzstift sechs Beinchen und die Fühler auf.

Was ist das?
Pünktchen an Pünktchen
auf knallrotem Kleid,
schwarz glänzt der Körper,
die Flügel sind breit.
Erklimmt er den Finger,
dann pumpt er und bebt,
entfaltet die Flügel,
erhebt sich und schwebt.

(Marienkäfer)

Walnußkäfer

Welches Kind kennt und liebt sie nicht, die kleinen roten Marienkäfer, die uns die wärmeren Tage ankündigen. Regen Sie Ihr Kind doch einmal dazu an, diese lustigen Gesellen aus Naturmaterialien nachzubasteln.

1. Wir bemalen eine Walnußhälfte vollständig mit roter Farbe und lassen sie trocknen. Vier Ahornfrüchte, also jeweils beide Teile des Ahorn-„Propellers", werden ebenfalls knallrot angemalt. Vorsichtig arbeiten, sie sind zerbrechlich!

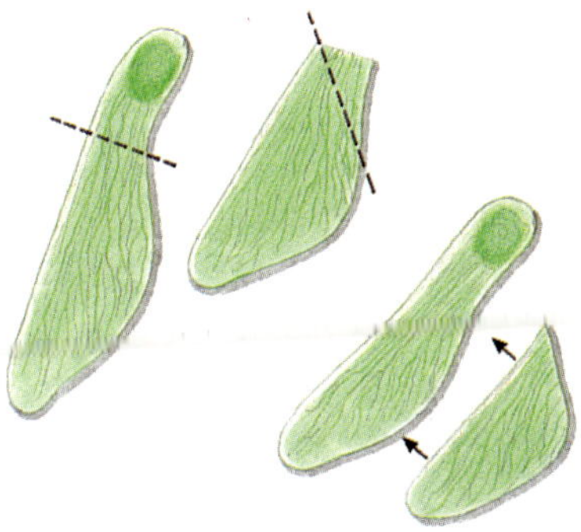

2. Von je zwei Früchten schneiden wir das dicke Ende weg und runden die entstandene Ecke ab. Dann kleben wir die Früchte so zusammen, daß ein breiter Flügel entsteht.

3. Mit dunkelbrauner Farbe malen wir nun Tupfer auf die Flügel. Die Walnußspitze erhält ein braunes „Gesicht".

WALNUSSKÄFER

Alter
ab 4 Jahre
Material
Walnüsse
Ahornfrüchte
Wasserfarbe, Fingerfarbe oder Plakafarbe in Rot und Braun
Pinsel
Tonpapierreste in Schwarz
Pauspapier
Bleistift
Schere
Kleber

4. Während die Farbe trocknet, pausen wir die Teile für die Beine und die Fühler auf schwarzes Tonpapier ab und schneiden sie aus. Dann kleben wir die Beinchen unter die Walnuß und die Fühler auf das Gesicht. Die Beinchen biegen wir ein wenig in Form.

5. Zuletzt kleben wir die Flügel rechts und links auf die Walnuß – und schon kann unser Käferchen davonschwirren.

Herzen aus Rinde

HERZEN AUS RINDE

Alter
ab 5 Jahre (mit Hilfe eines Erwachsenen)
Material
Rindenstückchen
Lederband
Messer
Handbohrer

Ein Waldspaziergang mit den Eltern kann schnell an Langeweile verlieren, wenn man dabei ein Mitbringsel findet, das entweder schon im Wald während der ersten Rast oder zu Hause gebastelt werden kann. Schon die Suche nach geeignetem Material macht den Kindern Spaß.

1. Wir suchen ein geeignetes Rindenstück und schneiden erst grob die Herzform zurecht (Vorsicht: Das Messer ist scharf!). Dann schnitzen wir die Vorder- und Rückseite glatt und eben, genauso die Seiten.

2. Das fertige Herz können wir dann auf verschiedene Weise weiterverarbeiten:

Anhänger
Wir bohren vorsichtig mit einem kleinen Handbohrer ein Loch, durch das wir ein Lederband ziehen. Für ein besonders persönliches Geschenk gravieren wir noch Initialen auf die Vorderseite und benutzen es als Geschenkaufleger.

Armband
Das Herz für ein Armband muß dicker als die vorherigen sein, damit wir durch die Seite ein Loch bohren können. Dadurch ziehen wir wieder ein Lederband. Sollte das Herz beim Bohren brechen, schneiden wir die Führung für das Band mit dem Messer weiter und kleben die Teile wieder zusammen.

Reime zum Muttertag

Die folgenden Reime können von den Kindern zum Beispiel dann vorgetragen werden, während sie der Mutter ein Geschenk zu ihrem Ehrentag überreichen.

Erinnerst du dich

Vor einigen Jahren,
erinnerst du dich,
bekamst du Besuch,
und das war ich.
Ich war ganz nackt,
hilflos und klein,
du aber halfst mir
ins Leben hinein.
Du sagst:
Du hast viel Freude mit mir,
aber Mutti, ganz ehrlich,
ich auch mit dir.
Und bin ich erst groß, Mutti,
so glaube mir,
trag' ich wie heut du
die Sorgen von dir.

Weil ich klein bin

Weil ich klein bin und du groß,
klettere ich jetzt auf deinen Schoß
und flüstere dir ins Ohr hinein,
nur du sollst meine Mami sein.

Meine Mami

Meine Mami, die soll leben
und mir tausend Küßchen geben,
danach will ich fröhlich sein
und mich mit der Mami freun.

Ich wünsche dir ...

Ich wünsche dir ein langes Leben,
gemischt aus Sonne und etwas Regen.
Vier Jahreszeiten voll Wonne und Glück
und von jedem Kuchen ein kleines Stück.

(Myriam Ganser)

Wer hat Angst vorm wilden Tier?

WER HAT ANGST VORM WILDEN TIER?

Alter
ab 5 Jahre
Teilnehmer
2 bis 4 Kinder
Material
1 Korkplatte, ca. 30 x 40 cm
Pappe oder Sperrholz in derselben Größe
Holzleim
2 Bildaufhänger
einige Flaschenkorken
Küchenmesser
Schneidebrett
Pinsel
Farbe
Erdnüsse mit Schale oder Kieselsteine
Isländisch Moos (im Eisenbahnmodellbau oder Bastelgeschäft erhältlich)
Rindenstückchen
Tannenzapfen
trockene Samenkörner
abgebrochene Zweigstücke
Würfel
Spielsteine

Hier wird gebastelt, gespielt und gleichzeitig die Wand geschmückt. Schon das Gestalten einer Urwaldlandschaft beflügelt die Phantasie, und vielleicht dürfen Sie ja mitspielen, wenn es auf große Safari geht. Sind dann alle am Ziel angekommen, wird das Spiel als Schmuckstück an die Wand gehängt.

1. Wir kleben die Korkplatte mit Holzleim auf ein gleichgroßes Stück Pappe oder Sperrholz und befestigen auf der Rückseite oben zwei Bildaufhänger.

2. Nun schneiden wir mit dem Küchenmesser Flaschenkorken in etwa 50 dünne Scheiben. 8–12 davon malen wir auf einer Seite rot an, den Rest in einer dunkleren Farbe.

3. Wir legen die Korkscheiben in einer dichten, verschlungenen Reihe auf die Platte, wobei wir die roten Scheiben gleichmäßig verteilen. Anfang und Ende der Reihe befinden sich jeweils an den gegenüberliegenden Seiten als Start und Ziel.

4. Die wilden Tiere können wir aus ungeschälten Erdnüssen oder flachen Kieselsteinen herstellen. Wir benötigen für jedes rote Feld ein Tier. Dazu malen wir Erdnüsse oder Steinchen als Krokodil, Panther, Löwe, Nashorn und Schlange an. Wir lassen die Tiere trocknen und legen je eines neben ein rotes Feld. Wenn wir mit der Aufteilung des Spielfeldes zufrieden sind, kleben wir die Korkscheiben und die Tiere fest.

5. Jetzt können wir mit der Gestaltung des Urwaldes beginnen. Dazu pflücken wir das Isländisch Moos ein wenig auseinander und kleben es so auf, daß die Tiere daraus „hervorlauern“. Wir müssen nur darauf achten, daß wir nicht zu dicht an die Spielfelder kommen.

6. Die freien Stellen der Korkplatte schmücken wir mit Naturfunden aus, die wir erst zurechtlegen und dann aufkleben. Start und Ziel markieren wir mit Zweigstückchen.

Spielregeln

Als Spielsteine verwenden wir Holzmännchen oder verschiedenfarbige Kieselsteine. Je nach Alter können wir uns an eine der folgenden Spielregeln halten, oder wir denken uns selbst welche aus.

1. Wer mit seiner gewürfelten Zahl auf ein Tierfeld kommt, setzt eine Runde aus. Gelangt er auf ein besetztes Feld, schickt er den Spieler, der sich darauf befindet, 5 Felder zurück.

2. Wer ein rotes Tierfeld betritt, muß 5 Felder zurück. Wer ein besetztes Feld betritt, geht auf das zurückliegende Tierfeld zurück und muß eine Runde aussetzen. Ins Ziel kommt nur, wer die richtige Zahl würfelt. Steht man also auf dem letzten Feld, benötigt man eine 1.

Trilli, Tropsi und ihre Freunde

Trilli, Tropsi und ihre Freunde wohnen im Wald. Vielleicht hast du sie auch schon einmal gesehen? Sie leben auf dem Waldboden, oft verstecken sie sich unter dem Laub.
Wie ich sie kennengelernt habe? Nun, vor einiger Zeit bin ich mit meiner kleinen Schwester im Wald hinter unserem Haus herumgestromert. Es wurde schon dunkel, und wir müssen uns wohl verlaufen haben. Auf jeden Fall wußte ich auf einmal nicht mehr, wo wir waren. Meine kleine Schwester sollte nichts merken, sonst hätte sie wieder nur geheult. Also haben wir uns erst einmal auf einen Baumstumpf gesetzt – ich zum Nachdenken, und meine Schwester zum Ausruhen.

Und da trafen wir sie, Trilli, Tropsi und ihre Freunde! Wir hörten erst nur ein Rascheln unter dem Laub. „Oh, hier gibt es Mäuse!" rief meine kleine Schwester freudig. „Komm wir fangen sie!" Die Mäuse haben wir natürlich nicht gefunden, die sind zu schnell. Aber wir sahen komische Dinger, die sahen aus wie Äste oder Wurzeln, mit Augen, manche mit großen Mäulern, manche mit tollem Federschmuck. Zwei kamen direkt auf uns zu. Meine kleine Schwester hatte natürlich mal wieder Angst. Ich aber nicht, ich fragte: „Wer seid denn ihr?" „Ich bin Trilli, das ist Tropsi und das sind unsere Freunde. Und wer seid ihr, was macht ihr hier?" fragte eines der Astmännchen. Ich erzählte, daß wir uns verlaufen hätten. Und stell dir vor, sie konnten uns den Weg zeigen! Ein Freund von ihnen muß mal bei meinem Vater unter dem Kaminholz gelandet sein, und den hatten sie zurück in den Wald geholt. Wir fanden also zurück nach Hause. Nur haben wir leider vergessen, uns mit Trilli, Tropsi und ihren Freunden für ein anderes Mal zu verabreden. Aber vielleicht treffen wir sie ja mal zufällig wieder. Oder du?

Geheimnisvolle Waldbewohner

Äste und Wurzeln liegen im Wald herum und warten darauf, aufgesammelt und mit ein wenig Farbe, einigen anderen Naturmaterialien und natürlich mit Phantasie zum Leben erweckt zu werden.

Bei unserem nächsten Waldspaziergang nehmen wir einen großen Beutel mit und halten bewußt Ausschau nach interessant aussehenden Ästen, Wurzeln und Baumpilzen. Spätestens zu Hause beim genauen Betrachten, werden aus ihnen Figuren. Wir können ihnen Mund oder Augen aufmalen, Federhaare oder Papierzähne aufkleben, Hüte aus Muscheln aufsetzen, Nasen aus Flaschenkorken ankleben und vieles mehr.

GEHEIMNISVOLLE WALDBEWOHNER

Alter
ab 4 Jahre
Material
Fundstücke aus dem Wald (Äste, Wurzeln, Baumpilze)
Plakafarbe
Muscheln
Federn
Korken
Papier
Jutegarn
Klebstoff

SOMMER

Wenn die Schulkinder schreien: „Hurra!
Die Ferien sind endlich da!“
Wenn das Freibad zum Baden einlädt,
wenn man an der Eisdiele Schlange steht,
dann wissen’s alle, groß und klein:
Der Sommer zieht jetzt bei uns ein!

Lustige Dekorationen aus Obst und Gemüse

LUSTIGE DEKORATIONEN AUS OBST UND GEMÜSE

Alter
ab 4 Jahre (mit Hilfe eines Erwachsenen)

Material
Birnenigel:
1/2 Birne
Mandelstifte
2 Rosinen
1 kandierte Kirsche
(Zitronensaft)

Tausendfüßler:
1/2 Banane
3 Haselnüsse
Rosinen

Rennauto:
1 kurze dickliche Karotte
1 Radieschen
4 Radieschenscheiben
2 Senfkörner
Zahnstocher

Was werden Sie zum nächsten Kindergeburtstag für die hungrigen Gäste bereiten, soll es süß oder lieber deftig sein? Na, so oder so, mit diesen lustigen Dekorationen ernten Sie bestimmt Beifall bei den kleinen Besuchern. Schon die Vorbereitungen machen sicher viel Spaß!

Birnenigel

Wir können die Birne schälen oder ungeschält lassen. Geschält müssen wir sie allerdings gut mit Zitronensaft beträufeln, da sie sonst braun wird.
Wir halbieren die Birne und schneiden ein Stück von der Spitze weg. In den dicken Teil stecken wir als Stacheln die Mandelstifte. Rosinen verwenden wir für die Augen und eine kandierte Kirsche als Nase.

Tausendfüßler

Wir haben die Banane der Länge nach durchgeschnitten und geben ihr ein Gesicht aus drei Nüssen. Auf beide Seiten legen wir je eine Reihe Rosinen als Füße.

Rennauto

1. Die Spitze der Karotte schneiden wir ab, das Grün lassen wir, bis auf 0,5 cm gekürzt, stehen. Dann putzen wir die Karotte und schneiden aus der dickeren Seite eine längliche Vertiefung heraus. Das wird unser Fahrerraum.

2. In der Vertiefung befestigen wir das Radieschen als Rennfahrer mit einem Zahnstocher und drücken zwei Senfkörner als Augen hinein. Die vier Räder (Radieschenscheiben) „montieren“ wir ebenfalls mit Zahnstochern.

Käselaster

1. Die halbe Gurke teilen wir einmal in der Mitte durch. 2–3 cm vom Ende entfernt schneiden wir die Gurke bis zur Mitte ein und machen anschließend noch einen waagrechten Schnitt, so daß ein Keil von der Gurke herausfällt.

2. Das Innere kratzen wir mit einem Löffel aus. Von der Rundung schälen wir ein Stück als Fenster ab.

3. Die gerade Gurkenhälfte schneiden wir einmal längs durch und nehmen ebenfalls die Kerne heraus – dies wird der Anhänger.

4. Nun befestigen wir an beiden Gurkenteilen mit Zahnstochern die Radieschenscheiben als Räder. Und schon können wir unseren Laster und seinen Anhänger mit Käsewürfeln beladen.

Blumentopf

Wir pieksen in die dickere Seite des Karottenstückes mit dem Schaschlikspieß einige Löcher, und stecken Kräuter wie Petersilie, Dill und Schnittlauch hinein.

Käselaster:
1/2 Salatgurke
8 Radieschenscheiben
Zahnstocher
Käsewürfel

Blumentopf:
1 Stück Karotte, Länge ca. 2–3 cm
frische Kräuter
Schaschlikspieß

Sonnentanz

SONNENTANZ

Alter
ab 4 Jahre
Teilnehmer
mindestens 6, besser jedoch 8 Kinder
Material
Reifen
Bänder (gelb) oder Kreidezeichnung

Kinder tanzen gern und bewegen sich oft viel freier und ungezwungener zur Musik als Erwachsene. Fördern Sie diesen Bewegungsdrang doch, indem Sie mit den Kindern ein Tanzspiel durchführen. Wählen Sie dazu am besten eine Musik mit einem leicht gehbaren Rhythmus. Außerdem benötigen Sie für dieses Spiel einen Reifen als Sonne und gelbe Bänder, die die Sonnenstrahlen darstellen.

1. Wir sitzen in einem Kreis, jedes Kind am Ende eines Bandes.

2. Sobald die Musik einsetzt, steht ein Kind auf, geht im Rhythmus der Musik zur Mitte in den Reifen, dreht sich dort einmal um sich selbst und geht dann, einem anderen Band folgend, zum nächsten Kind.

3. Das ausgewählte Kind steht auf. Beide Kinder fassen sich an den Händen und drehen sich einmal im Kreis.

4. Das Kind, das eben an der Reihe war, bleibt nun stehen und das zweite Kind geht los. Alles beginnt wieder von vorne, so lange bis alle Kinder einmal „in der Sonne" waren und stehen.

5. Sobald das letzte Kind wieder am Ende eines Bandes steht, fassen sich alle an den Händen. Die Musik klingt langsam aus.

Sonnenblumen

Diese Sonnenblumen sind ein wunderschöner Blickfang. Man kann sie in Blumenkästen oder -töpfe stecken und Balkon, Terrasse oder auch Zimmer damit dekorieren.

1. Zunächst sägen wir aus den Leisten ca. 80 cm lange Stücke zu und malen diese mit der grünen Farbe an.

2. Vom Vorlagebogen pausen wir den Kreis zweimal auf grauen Tonkarton ab und schneiden beide aus. Wir bestreichen sie mit Leim und belegen sie mit Sonnenblumenkernen. Gut trocknen lassen!

3. Aus dem gelben Tonpapier schneiden wir viele Blütenblätter. Eine Vorlage hierzu befindet sich auf dem Vorlagebogen.

An der Blüte kleben wir nun ringsherum die Blütenblätter fest.

4. Danach kleben wir den Stiel (grüne Holzleiste) auf die Blüte und auf diesen wiederum den Kreis mit den aufgeklebten Sonnenblumenkernen. Dabei müssen wir aber besonders vorsichtig sein, damit sich beim Zusammendrücken nicht allzu viele Sonnenblumenkerne vom Papier lösen.

5. Zum Schluß schneiden wir aus dem grünen Tonpapier noch Blätter für den Stiel der Sonnenblume. Auch hierfür befindet sich eine Vorlage auf dem Vorlagebogen. Die Blätter kleben wir an den Stiel.

SONNENBLUMEN

Alter

ab 4 Jahre (mit Hilfe eines Erwachsenen)

Material

Holzleisten (Breite ca. 2 cm)
Lineal
Holzsäge
Plakafarbe, grün
Pinsel
Pauspapier
Bleistift
Tonkarton, grau
Schere
Holzleim
Sonnenblumenkerne
Tonpapier in Grün und Gelb

Kirsch-Krümel-Torte

KIRSCH-KRÜMEL-TORTE

Alter
ab 5 Jahre (mit Hilfe eines Erwachsenen)

Zutaten
600 g Kirschen
350 g Mehl
3 TL Backpulver
120 g Zucker
100 g Margarine
etwas Fett für die Springform
2 Eier

Geräte
Teigschüssel
Küchenwaage
Springform
eventuell Handmixer

Elektroherd: 175 Grad
Gasherd: Stufe 2–3
Backzeit: 40 Minuten

Bei diesem Kirschkuchen sollten Sie Ihrem Kind ein wenig „assistieren". Vielleicht waschen und entkernen Sie vor Backbeginn die Kirschen? Vor allem aber sollten Sie die Zutaten bereitstellen und wiegen.

Dieser leckere Kirschkuchen wird aus einem Krümelteig gebacken. Der kommt unten auf den Boden der Springform und als Streusel verteilt über die Kirschen.

1. Für den Teig geben wir alle Backzutaten außer den Kirschen in eine Rührschüssel. Wir verkneten alles mit einem Handmixer oder mit den Händen.

2. Wir fetten die Springform ein, geben die Hälfte des Teiges hinein und drücken ihn so auseinander, daß der Boden bedeckt ist und ein etwa 2 cm hoher Rand entsteht. Wir stechen den Teigboden mit der Gabel mehrmals ein.

3. Jetzt verteilen wir die entsteinten Kirschen auf dem Teig. Die zweite Hälfte des Teiges krümeln wir über die Kirschen. Nun muß der Kuchen nur noch gebacken werden. Je nach Geschmack können wir ihn, wenn er abgekühlt ist, mit Schlagsahne servieren.

Kirschkern-Zielspucken

Kirschen schmecken lecker und mit den Kernen kann man wunderbar spucken – Weitspucken oder Zielspucken!

1. Wir bemalen mehrere Blumentöpfe aus Ton mit Plakafarben. Dazu ziehen wir am besten einen Malkittel über und legen Zeitungen unter. Wir können bunte Punkte aufmalen, Streifen, Marienkäfer oder Strichmännchen. Sicherlich fallen uns noch viele andere Muster ein.

2. Wir stellen die bemalten Tontöpfe neben- und hintereinander auf. Nun versuchen wir, reihum von einer Startlinie aus, unsere Kirschkerne in die Töpfe zu spucken. Jeder Treffer zählt einen Punkt. Wer die höchste Punktzahl erreicht, ist Sieger.

KIRSCHKERN-ZIELSPUCKEN

Alter
ab 3 Jahre
Teilnehmer
mindestens 2 Kinder
Material
Blumentöpfe aus Ton
Plakafarbe
Pinsel
Zeitungen
Malkittel
Kirschen

Marktstand

MARKTSTAND

Alter
ab 5 Jahre
Material
möglichst gerade trockene Zweige, Ø etwa 3–5 mm
alte Schere
Stecknadeln
Holzleim
Styroporplatte, ca. 20 x 30 cm

Korb:
1 Korken, Ø ca. 3 cm, Höhe 1 cm

Schirm:
dünner Karton
Strohhalme, naturfarben oder gefärbt
1 großer flacher Korken
1 Schaschlikspieß

Ein Besuch auf dem Wochenmarkt hat doch etwas Gemütliches an sich. Vielleicht können Sie demnächst direkt zu Hause einen Markt besuchen, denn einen Stand mit allem Zubehör zu basteln bringt Spaß, vor allem, wenn dann auch „Kunden" zum Einkaufen kommen.

Stand

1. Wir benötigen 8–10 gerade Zweigstücke, die wir mit einer alten Schere auf etwa 18 cm Länge schneiden oder abbrechen, und zwei Stücke von etwa 8 cm.

2. Die kurzen Stücke legen wir in einem Abstand von 14 cm auf die Styroporplatte. Damit uns die Zweige nicht wegrollen, befestigen wir sie mit Stecknadeln auf der Styroporplatte.

3. Jetzt bestreichen wir sie mit Holzleim und legen die langen Zweige in gleichmäßigen Abständen darauf, so daß ein Rost entsteht. Wir lassen alles gut trocknen. Danach nehmen wir den Rost vorsichtig von der Platte ab, bezeichnen aber zuvor die Stellen, wo er befestigt war.

4. In der Zwischenzeit schneiden wir vier „Zweiggabeln" zurecht, also Zweigstücke in Form eines „Y". Zwei davon sollten von der Gabelung bis zum Fuß 2,5 cm messen, die anderen beiden je 1,5 cm.

5. Die Astgabeln stecken wir 1 cm tief in die Styroporplatte, und zwar an den vorher bezeichneten Stellen. Die langen Gabeln stecken wir hinten ein, die kurzen vorn. Nun legen wir den Rost so darauf, daß die kurzen Queräste genau in den Astgabeln liegen.

6. Um einen zusätzlichen Halt zu bekommen, können wir um die Beine des Standes noch vier Zweigstücke leimen.

Obststiegen

1. Pro Stiege verwenden wir 6 Zweigstücke à 7 cm und 6 à 5 cm. Wir legen zwei lange Stücke in einem Abstand von 4,5 cm nebeneinander, betupfen die Enden mit Leim und legen zwei kurze Stücke zu einem Rechteck darauf. Das wiederholen wir, bis alle Stücke verbraucht sind.

2. Für den Boden benötigen wir eine Reihe gleich langer Zweige. Wir schneiden sie zurecht, kleben sie entweder längs oder quer auf das vorhandene Rechteck und lassen die Stiege trocknen.

Korb

Wir schneiden oder knicken etwa 2 cm lange Zweigstücke ab und kleben sie längs um einen Korken von etwa 3 cm Durchmesser. Dabei sollen die Zweige an der schmalen Seite des Korkens abschließen. An der breiten Seite ergibt sich dann eine Öffnung, in die wir unsere Ware einfüllen können.

Sonnenschirm

1. Für den Schirm schneiden wir nach Schablone die Grundform aus Karton zu, falten sie an den gestrichelten Linien und kleben sie an den markierten Kanten aneinander.

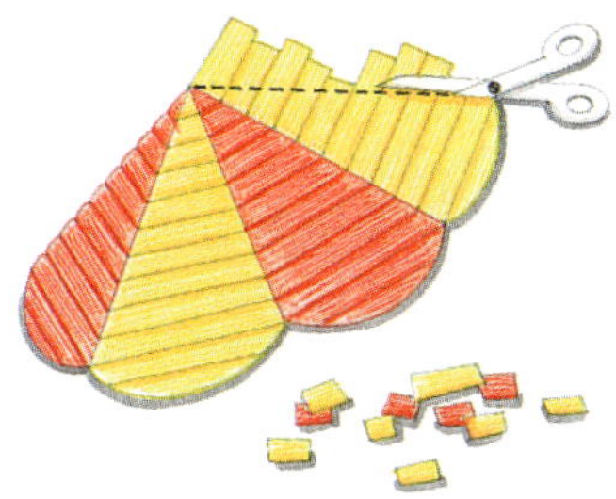

2. Die einzelnen Flächen bekleben wir mit plattgedrückten Strohhalmen. Da wir den Pappschirm an den gefalteten Stellen knicken können, dürfen die Halmstücke überstehen. Wenn sie gut kleben, begradigen wir die Ränder.

3. Um den Schaft zu befestigen, legen wir den Schirm mit der Öffnung nach oben auf ein Gefäß, tupfen Leim in die Spitze und stellen einen Schaschlikspieß hinein, den wir mit zwei Hölzchen abstützen. Den fertigen Schirm stecken wir in eine Korkscheibe.

4. Nun können wir unseren Marktstand bestücken, indem wir die Stiegen mit Hülsenfrüchten, gesammelten Baum- oder Strauchfrüchten, Beeren oder kleinen Blättern füllen. Aus einem Stoffsäckchen mit Körnern können wir „Kartoffeln“ verkaufen und in einem kleinen Wassergefäß frische Blumen anbieten. Jetzt müssen nur noch viele Kunden kommen.

Sandbilder

SANDBILDER

Alter
ab 5 Jahre (mit Hilfe eines Erwachsenen)

Material
Tapetenkleister
Wasser
Löffel
Plastikgefäße
Sand
Abtön- oder Plakafarben
Rückwände von Glasbildträgern
Spachtel
kleiner Eislöffel
Muscheln, Schneckenhäuser oder anderes Strandgut
Stricknadel
Gabel

Am Strand findet man viele Muscheln, Schneckenhäuser, vielleicht auch Seesterne, und natürlich Sand. Mit Sand kann man wunderbar Bilder „malen" und gleichzeitig das gefundene Strandgut einarbeiten. Bei den Vorbereitungen für diese etwas aufwendigere Arbeit sollten Sie Ihrem Kind allerdings tatkräftig zur Seite stehen.

1. Wir setzen den Tapetenkleister nach Packungsanleitung an.

2. Nach Ablauf der Quellzeit mischen wir verschiedene Sandmassen an. Dazu geben wir eine kleine Menge des fertigen Kleisters in ein Plastikgefäß und mischen nach Belieben Abtön- oder Plakafarben dazu.

3. In diese Masse geben wir nach und nach soviel Sand, daß eine steife Masse entsteht.

4. Wir geben die Sandmasse auf die rauhe Seite einer Glasbildträgerrückwand und streichen sie mit einem Spachtel glatt. Andersfarbige oder anderskörnige Sandmassen geben wir entweder neben oder auf die bereits aufgespachtelte Sandmasse und verstreichen sie. Gearbeitet wird am besten naß in naß, da es zu Verfärbungen kommen kann, wenn neben oder auf eine bereits getrocknete Sandschicht eine nasse, andersfarbige gespachtelt wird.

5. Für kleine Motive, wie hier zum Beispiel Sonne oder Fisch, tragen wir die Sandmasse mit einem schmalen Spachtel oder einem Eislöffelchen auf und streichen sie in Form.

6. In die Sandmasse können wir dann mit einer Gabel oder einer Stricknadel Muster „einritzen", zum Beispiel Linien und Punkte.

7. Zum Schluß plazieren wir Muscheln, Schneckenhäuser und andere Naturmaterialien auf der Sandmasse und drücken sie ein.

8. Die Bilder sollten dann mindestens 2 Tage trocknen. Dann sind die Sande so verhärtet, daß die eingedrückten Objekte nicht mehr herausfallen.

Strandspiele

Gerade für Kinder gibt es viele Möglichkeiten, sich am Strand zu beschäftigen: im Wasser tollen, Burgen bauen, in der Sonne aalen und vieles mehr. Aber auch Strandspiele, an denen sich meist mehrere Kinder beteiligen können, sind immer eine willkommene Abwechslung.

Wer ist denn das?
Wir malen Gesichter in den feuchten Sand. Von den anderen Mitspielern soll dann erraten werden, um wen es sich handelt. Wir zeichnen mit dem Finger die Umrißlinien und gestalten mit Hilfe von allerlei Strandgut (Muscheln, Schneckenhäuser, Tang, Schwemmholz ...) Nase, Augen, Mund und die unterschiedlichsten Gesichtszüge und Merkmale jedes einzelnen.

Was fehlt?
Wir malen mit dem Finger eine Spielfeldbegrenzung in den Sand, Größe etwa 30 x 30 cm. Dort hinein werden Muscheln, Seesterne, Steine, Stöckchen, Tang, Schneckenhäuser, und was man sonst am Strand so findet, hineingelegt. Insgesamt sollten es 10 bis 15 möglichst verschiedene Stücke sein. Ein Spieler soll sich nun für einen Moment alle Dinge anschauen und einprägen. Dann muß er sich wegdrehen und die Augen schließen. Jetzt nimmt ein Mitspieler einen Gegenstand aus dem Spielfeld heraus. Der Spieler darf sich wieder umdrehen und soll nun sagen, welches der Dinge verschwunden ist.

Handtuchrennen
Alle Kinder stellen sich in einer Reihe hinter einer Startlinie auf. Zuvor wurde ein Ziel festgelegt. Nun klemmt sich jedes Kind ein zusammengerolltes Handtuch zwischen die Beine und muß damit zum Ziel hüpfen, ohne das Handtuch zu verlieren. Wer das Handtuch fallen läßt, scheidet aus. Wer die Ziellinie zuerst erreicht, ist Sieger.

STRANDSPIELE

Wer ist denn das?

Alter
ab 5 Jahre
Teilnehmer
mindestens 2 Kinder
Material
Strandgut

Was fehlt?

Alter
ab 4 Jahre
Teilnehmer
mindestens 2 Kinder
Material
Strandgut

Handtuchrennen

Alter
ab 5 Jahre
Teilnehmer
mindestens zwei Kinder
Material
pro Kind ein Handtuch

Schmuck aus Lederresten

SCHMUCK AUS LEDERRESTEN

Alter
ab 5 Jahre
Material
Lederreste
Schere
Klebstoff
Pauspapier
festes Papier
Bleistift
dünner Filzstift
Bürolocher
Sicherheitsnadel
1 Zahnstocher
Holzperlen
Schnur oder Hutgummi

Leder ist ein leicht zu verarbeitendes Material, das gut geklebt werden kann. Buntgemischte Lederreste finden Sie im Bastelgeschäft oder beutelweise in der Kurzwarenabteilung eines Kaufhauses.

Wenn wir uns für eine Figur entschieden haben, übertragen wir die Einzelteile von der Schablone (s. Vorlagebogen) auf festes Papier und schneiden sie aus. Dann legen wir die Papierteile auf das Leder, zeichnen mit einem dünnen Filzstift den Umriß auf und schneiden auch die Lederteile aus.

Herz
Das große Herz schneiden wir zweimal aus, die kleineren einmal. Wir kleben das mittelgroße Herz auf ein großes und das kleine wiederum auf das mittelgroße.
Einen 5 cm langen und 1 cm breiten Lederstreifen falten wir zu einer Schlaufe, betupfen das untere Ende mit Kleber und drücken es auf die Rückseite des Herzens. Das zweite große Herz kleben wir dagegen.

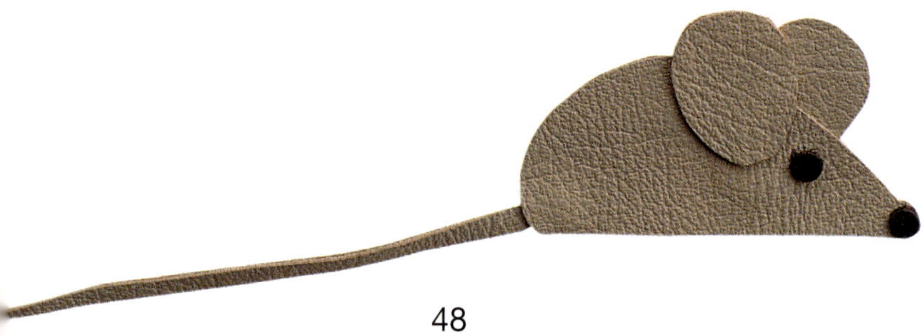

Gesicht
Die Zunge und den Streifen für die Haare kleben wir unter den ersten Kreis, dann bestreichen wir den zweiten mit Kleber, klappen beide zusammen und drücken sie fest. Durch den Verbindungssteg ist eine Schlaufe als Aufhänger entstanden. Wir „setzen" die Brille auf, zwei Lederschnipsel als Nase, und schneiden die Haare ein.

Maus
Ein Ohr und den Schwanz kleben wir hinter dem Körper fest, das andere Ohr obendrauf. Jetzt fehlen nur noch Auge und Nase. Dazu stanzen wir mit dem Bürolocher zwei Punkte aus und kleben sie an entsprechender Stelle auf.

Saurier und Drachen
1. Die Beine für den Dinosaurier kleben wir beide vorn, die für den Drachen jeweils vorn und hinten an den Rumpf. Die Zunge des Drachens und die Zacken für beide Tiere kleben wir hinten an.

2. Da es sehr mühselig ist, so kleine Kreise auszuschneiden, wie wir sie jeweils für die Augen der Tiere und für das Fell des Drachen benötigen, können wir die Punkte mit dem Bürolocher ausstanzen. Dazu müssen wir den Locher aber vorher entleeren.

3. Zum Anstecken schneiden wir ein quadratisches Lederstück zu, das bequem in eine Sicherheitsnadel paßt. Das kleben wir mit der Nadelöffnung nach oben auf die Rückseite der Figur.

Tip: Sollte das Leder sehr dünn oder weich sein und sich leicht biegen lassen, kleben wir die gesamte Figur auf ein zusätzliches Lederstück und schneiden es rundherum aus.

Kette

1. Für jede „Perle" benötigen wir ein spitzzulaufendes Lederstück von 3–4 cm Breite und 10–15 cm Länge.

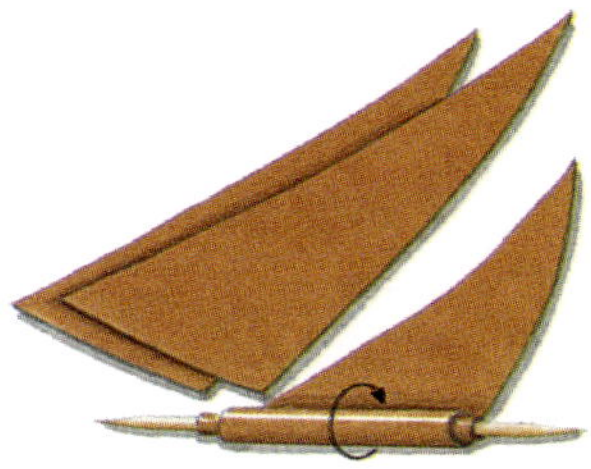

2. Wir wickeln die breite Seite um einen Zahnstocher herum und rollen den Keil auf. Die Spitze betupfen wir mit Kleber und drücken sie an.

3. Abwechselnd mit je einer kleinen Holzperle ziehen wir die Perlen für eine lange Kette auf eine Schnur oder, für eine kurze Kette, auf einen Hutgummi, so daß wir auch diese bequem über den Kopf ziehen können.

Vogel

Den großen Kreis als Vogelrumpf kleben wir auf den Kreis mit dem Schwanzteil, den kleinen als Vogelkopf auf den großen. Den Zweig und die Blätter befestigen wir nun auf der Rückseite. Die Schwanzfedern schneiden wir in schmalen Keilen ein.

Landschaft in der Schale

LANDSCHAFT IN DER SCHALE

Alter
ab 5 Jahre
Material
flache Schale aus Ton, Email oder Holz oder ein Körbchen
Sand, feiner Kies oder Katzenstreu
Rindenstücke
getrocknete Gräser
Tannenzapfen
Moos oder Isländisch Moos
Steinchen usw.

Leuchtturm:
2 Flaschenkorken
1 Korkscheibe, Ø ca. 3 cm
Klebstoff
Farbe
Pinsel
1 flache Perle
1 Steck- oder Pinnwandnadel mit Glaskopf

Haben Sie eine ausrangierte flache Schale übrig, einen Blumentopfuntersetzer aus Ton oder ein Körbchen? Darin läßt sich nämlich hervorragend eine Miniaturlandschaft anlegen, die vielleicht an die letzten Ferien erinnert oder ganz der Phantasie entspringt.

1. Wir füllen die Schale bis 3 cm unter den Rand mit feinem Kies, Sand oder Katzenstreu. Nun breiten wir unsere Zutaten aus und beginnen, eine Landschaft aufzubauen. Wir setzen da einen Zapfen als Tanne hin, dort getrocknete Gräser als Bäume, Moos oder Isländisch Moos als Gebüsch. Wir brechen Rindenstückchen klein und legen sie zusammen mit Steinchen als Hügel an. Vielleicht haben wir auch ein Schneckengehäuse, einige Muscheln, oder wir finden bei unserem Spielzeug ein Holzhäuschen.

2. Wer mag, kann sich selber einen Leuchtturm bauen. Dafür kleben wir einen möglichst langen Flaschenkorken auf eine Korkscheibe von ca. 3 cm Durchmesser. Wir schneiden von einem anderen Flaschenkorken eine Scheibe ab und stecken ihn auf eine Nadel mit Glaskopf. Auf den langen Korken legen wir eine flache Holz- oder Glasperle und stecken darauf dann die Korkscheibe.

3. Jetzt bemalen wir den Leuchtturm mit roten und weißen Streifen und geben ihm ein schwarzes Dach. Wir lassen die Farbe trocknen und stellen den Turm in die Landschaft.

Sammelbild für Naturfunde

Vielleicht halten Sie beim nächsten Spaziergang einmal Ausschau nach getrockneten Binsengräsern. Dann nehmen Sie am besten gleich ein Bündel mit, denn es ist ein leicht zu verarbeitendes Material, aus dem sich einiges basteln läßt. Sollten Sie nicht fündig werden, kann Wellpappe als Ersatz dienen.

SAMMELBILD FÜR NATURFUNDE

Alter
ab 6 Jahre
Material
1 Reststück Karton oder Pappe
1 Bildaufhänger
Holzleim
Schere
trockene Binsengrashalme
allerlei Naturfunde mit Stengel

1. Aus dünner Pappe oder Karton schneiden wir zunächst einen Kreis im Durchmesser von 10–12 cm aus, bekleben ihn ganzflächig mit Binsengrashalmen, die an den Rändern etwas überstehen, und lassen alles gut trocknen.

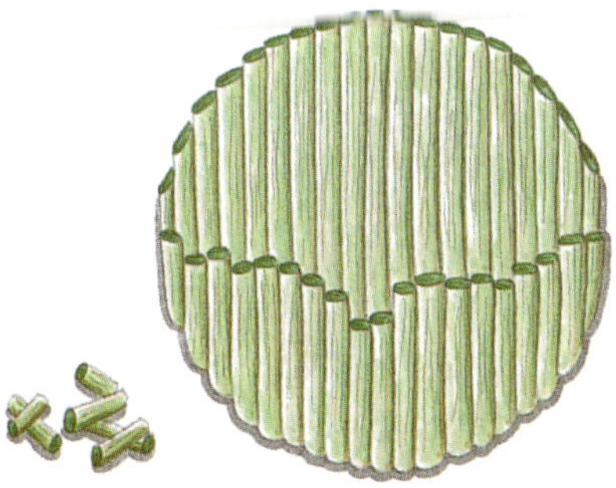

2. Wir drehen den Kreis um und knipsen mit der Schere die überstehenden Halme ab. Jetzt schneiden wir einige kürzere Halmstücke zu und kleben sie so auf, daß sie an einer Seite der Rundung abschließen. Auf der Rückseite befestigen wir einen Aufhänger.

3. In die Halmöffnungen können wir nun getrocknete Gräser und Blumen, Federn und alle möglichen Naturfunde stecken, die einen Stiel haben. Wir können dabei aber auch nachhelfen, indem wir, zum Beispiel an ein leeres Schneckenhaus, einen Stiel ankleben.

Steintiere

STEINTIERE

Alter
ab 5 Jahre

Material
Steine
Plakafarben
Pinsel
Mattlack
Filzreste
Schere
Jutegarn
Klebstoff

Steine findet man fast überall: am Flußufer, am Wegesrand... Halten Sie doch bei Ihrem nächsten Spaziergang mit den Kindern nach schönen Findlingen Ausschau – Sie können sie vielseitig zum Basteln verwenden. Bemalt und mit Filzresten beklebt, werden aus ihnen lustige Steintiere.

1. Wir schauen uns mehrere Steine an und überlegen, welche Form für welches Tier geeignet wäre.

2. Haben wir einen Stein ausgewählt und entschieden, welches Tier aus ihm werden soll, malen wir den Stein auf einer Seite in der passenden Farbe an, lassen ihn trocknen, drehen ihn um und bemalen mit der gleichen Farbe die Unterseite.

3. Wir drehen den getrockneten Stein wieder um und malen das Gesicht auf.

4. Abschließend überziehen wir den ganzen Stein zum Schutz erst auf der Ober-, dann auf der Unterseite mit Mattlack.

5. Die Ohren und beim Frosch die Augen schneiden wir jeweils zweimal aus Filz zu und kleben sie von hinten an den Stein.

Tiger
Für den Tiger grundieren wir einen Stein gelb. Die Maul-Kinn-Gegend hellen wir mit etwas Weiß auf. Darauf malen wir mit Schwarz das Gesicht und die Streifen. Die Ohren schneiden wir aus gelbem Filz zu und kleben sie an.

Schwein
Die Schnauze des Schweins ist ein kleinerer Stein, der in der gleichen Farbe wie das Gesicht angemalt und dann aufgeklebt wird. Nasenlöcher, Augen und Mund werden mit Schwarz aufgemalt, dann kleben wir zwei Ohren aus rosa Filz an.

Raupe
Der Körper der Raupe besteht aus vielen kleinen Steinen, die wir grün bemalen und anschließend hintereinander legen. Auf den ersten, etwas größeren Stein malen wir Augen und Maul.

Löwe
Den Stein für den Löwenkopf grundieren wir gelb und malen das Gesicht auf. Für die Löwenmähne schneiden wir Jutegarn in kleine Stücke, drehen die einzelnen Fäden auseinander und kleben sie dann büschelweise rund ums Gesicht.

Bär
Wir grundieren den Stein braun, malen mit Hellbraun die Schnauze und mit Schwarz das Maul und die Augen auf. Nach dem Überziehen mit Mattlack kleben wir zwei Ohren aus braunem Filz an.

Marienkäfer
Auf den vorher rot grundierten Stein malen wir die vordere Partie sowie den Mittelstreifen und die Punkte mit Schwarz auf.

Frosch
Wir malen einen Stein grün an. Das Maul und die Nasenlöcher werden mit Schwarz aufgesetzt. Für die Augen kleben wir Kreise aus rotem Filz auf Halbkreise aus grünem Filz, malen eine Pupille auf und kleben die Filzaugen an.

Tierwettrennen

Die eben entstandenen Tierköpfe können wir auch als Spielfiguren benutzen ...

Wir malen mit Kreide eine große Raupe auf den Asphalt oder ritzen die Zeichnung in feuchten Sand. Wir teilen die Raupe in viele Felder auf (siehe Bild). Alle Spielfiguren werden auf das 1. Feld gesetzt. Reihum wird gewürfelt, und jeder Spieler setzt seine Spielfigur der Anzahl der Würfelaugen entsprechend in Richtung Raupenkopf in Bewegung. Wer erreicht zuerst das Ziel? Wir können uns aber auch einige Hindernisse überlegen, die es erschweren, zum Ziel zu gelangen: Wer eine 6 würfelt, setzt eine Runde aus; wer eine 3 würfelt, muß drei Felder zurück ...

TIERWETTRENNEN

Alter
ab 5 Jahre
Teilnehmer
3–6 Kinder
Material
Steintiere
Würfel
Kreide oder Stock

Wortspiele

WORTSPIELE

Alter
ab 6 Jahre
Teilnehmer
mindestens 2 Kinder

Wortspiele sind eigentlich für jeden Anlaß geeignet. „Ein Vogel sitzt im Baum" können sie auch während einer langen Autofahrt mit Ihren Kindern spielen, um sich die Zeit zu vertreiben.

Ein Vogel sitzt im Baum

Dies ist ein Wörterdomino, das wir zu zweit, aber auch mit mehreren Kindern spielen können.
Es sollen kurze Sätze gebildet werden, in denen jeweils zwei Begriffe aus der Natur vorkommen. Zum Beispiel: „Ein Vogel sitzt im Baum." Im folgenden Satz steht der zweite Naturbegriff am Anfang: „Der Baum trägt weiße Blüten." Auf diese Weise wird eine Kette von Sätzen gebildet: „Ein Vogel sitzt im Baum." – „Der Baum trägt weiße Blüten." – „Eine Blüte weht im Wind." – „Der Wind weht durchs Feld." – „Im Feld sitzt ein Hase." usw. Wir können das Wörterdomino nach Belieben fortsetzen, indem jeder Teilnehmer reihum einen Satz findet. Wir können es aber auch so spielen: Wer nicht weiter weiß oder wer einen Begriff in seinen Satz baut, der nicht aus der Natur kommt (zum Beispiel: „Ein Baum steht auf der Straße"), der scheidet aus. Das geht so lange, bis nur noch ein Teilnehmer übrig ist – das ist der Sieger.

Morgenrot und Wolkenbruch

Wir bilden einen Kreis. Das Spiel geht reihum. Wieder werden kurze Sätze gebildet, in denen das Wort „Wolke" oder „Wolken" vorkommt. Zum Beispiel: „Die Wolke steht am Himmel." – „Aus den Wolken regnet es." – „Ich sehe eine Wolke." usw.
Jeder Teilnehmer sagt einen oder mehrere Sätze, worauf die anderen nach jedem Satz geschlossen „Morgenrot" rufen. Das geht so lange, bis ein Satz eingeschmuggelt wird, der nichts mit Wolken zu tun hat. Zum Beispiel: „Die Wolke ißt Sauerkraut." – oder „Auf der Wolke sitzt eine Kuh."
Darauf müssen die anderen „Wolkenbruch" rufen und auf den Tisch klopfen oder in die Hände klatschen. Wer statt dessen „Morgenrot" ruft, scheidet aus.

Bananentrick

Haben Sie schon einmal eine Banane geschält, deren Inneres bereits in einzelne Stücke geschnitten, die Schale rundherum aber unversehrt war? Wer weiß, wie das gemacht wird, kann damit jeden Bananenesser in Erstaunen versetzen.

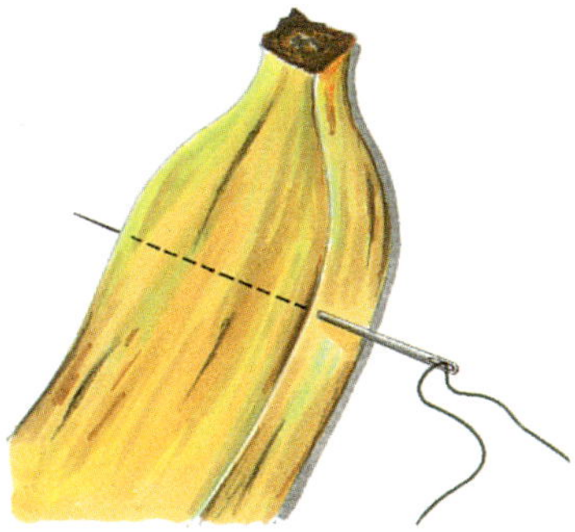

1. Wir fädeln einen Nähfaden in die Nadel und stechen so damit in die Banane ein, daß die Nadel knapp unter der Schale entlang führt und auf der anderen Seite wieder herauskommt. Das Fadenende lassen wir am Einstichloch hängen.

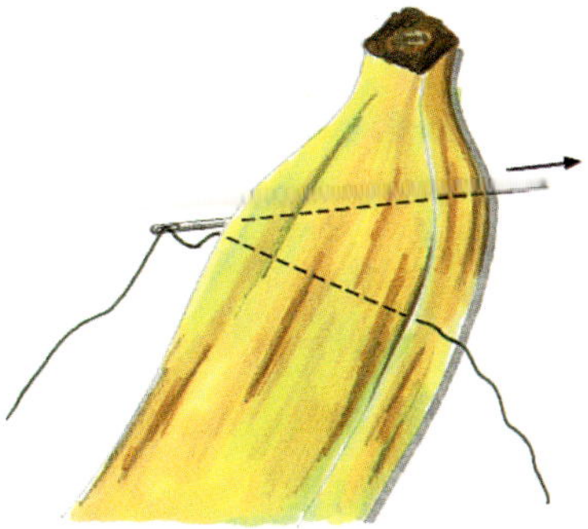

2. Jetzt stechen wir genau da ein, wo der Faden hinausführt, auch wieder knapp unter der Schale entlang. Das wiederholen wir im Ganzen viermal, bis wir einmal um die Banane herum sind.

3. Nun ziehen wir die Nadel da heraus, wo wir zuerst eingestochen haben. Beide Fadenenden gucken also aus demselben Einstich heraus, und der Faden läuft einmal um das Bananeninnere herum.

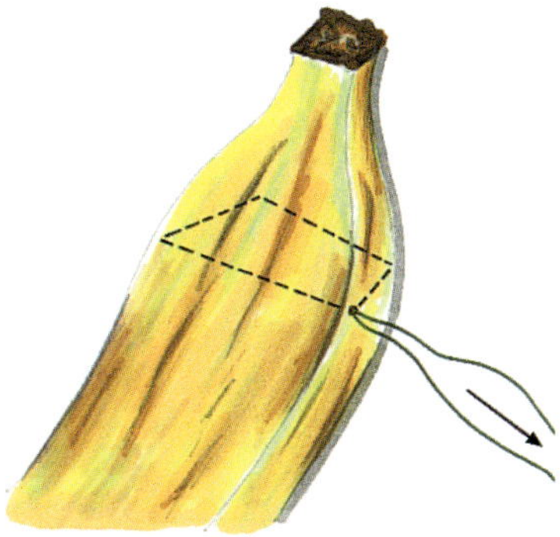

4. Ziehen wir nun beide Fadenenden zusammen ab, ist an der Banane nichts mehr zu sehen. Wir können sie ganz normal schälen, finden sie innen aber durchgeschnitten.

BANANENTRICK

Alter
ab 6 Jahre
Material
1 Banane
Nähnadel
Nähfaden

Fensterbilder aus Blüten

FENSTERBILDER AUS BLÜTEN

Alter
ab 5 Jahre
Material
getrocknete Blütenblätter in verschiedenen Farben
helles Transparentpapier
flüssiger Kleber
dünner farbiger Karton
Bleistift
Schere
Pauspapier
Papier
Klebestreifen
Faden

Wenn Sie Ihre verblühten Geranien abzupfen oder der herrliche Rosenstrauß nun doch langsam welk wird, werfen Sie die Blütenblätter nicht gleich weg. Daraus lassen sich schöne Fensterbilder basteln.

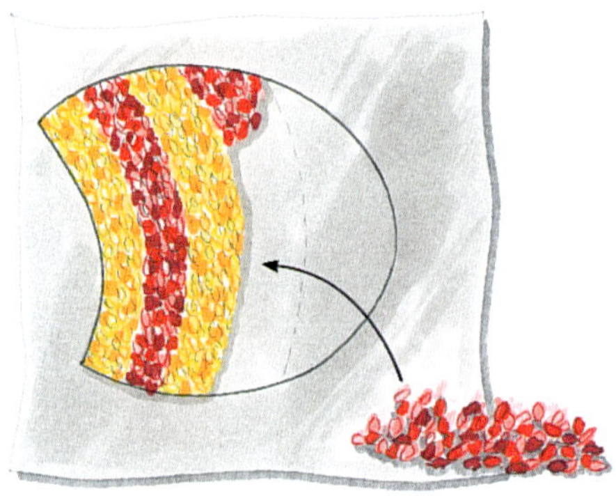

Fisch

1. Wir übertragen den Fisch von der Schablone auf farbigen Karton, schneiden ihn aus und zeichnen die innere Form des Fisches auf Transparentpapier.

2. Wir bestreichen nun einen 1–2 cm breiten Streifen der aufgezeichneten Fläche deckend mit Klebstoff. Wir bröseln mit den Fingerspitzen eine Farbe getrocknete Blütenblätter darauf, so daß die gesamte Klebefläche bedeckt ist. Dann drücken wir die Blütenblätter mit dem Finger vorsichtig an und schütteln die losen Brösel über einem Blatt Papier ab.

3. Wir streichen den nächsten Streifen mit Klebstoff ein und wiederholen dasselbe mit einer anderen Farbe Blütenblätter. Das machen wir so oft, bis die ganze Fläche bedeckt ist.

4. Die Rückseite des Fisches betupfen wir rund um die Öffnung mit Kleber, legen ihn auf das bestreute Transparentpapier und schneiden den überstehenden Rand rundherum ab.

5. Als Auge können wir eine getrocknete Blume ankleben oder einfach eins aufmalen. An der markierten Stelle ziehen wir einen Faden als Aufhänger durch.

Blumenmotiv

1. Das Blumenmotiv übertragen wir von der Vorlage auf weißes Papier und heften mit Klebestreifen einen Bogen helles Transparentpapier darauf.

2. Wir bestreichen nach und nach die einzelnen Flächen der Zeichnung mit Klebstoff und bröseln, wie schon beim Fisch beschrieben, die verschiedenen Blütenfarben darauf, bis die Zeichnung und der Hintergrund bedeckt sind.

3. Nun schneiden wir noch den Rahmen aus farbigem Karton zu, kleben ihn auf und schneiden den überstehenden Rand mit der Schere ab. In der oberen Mitte ziehen wir einen Faden durch.

Lustige Trolle

LUSTIGE TROLLE

Alter
ab 7 Jahre
Material
Baumstamm (hier Ø ca. 12 cm; Länge ca. 30 cm)
2 Docken Bast
2 Holzkugeln
Plakafarben in Weiß und Schwarz
Pinsel
Klammerhefter (Tacker)
Heißklebepistole oder Holzleim
Holzfeile
Dauer
ca. 1 Stunde

Diese beiden trolligen Gesellen werden sicherlich einen festen (aber regengeschützten) Platz auf Ihrem Balkon, Ihrer Terrasse oder in Ihrem Garten finden.
Baumstämme in dieser Größe finden Sie beim Kaminholz, Holzhandel ...
Bei dieser Bastelarbeit müssen Sie Ihrem Kind manchmal helfen.

1. Zuerst schmücken wir unsere Trolle mit buschigen Haaren. Dazu wickeln wir Natur- oder Kunstbast mehrmals um einen ca. 6 cm hohen Gegenstand, z. B. ein Brett, schneiden den Faden mit einer Schere ab und knoten mit seinem Ende eine Seite des umwickelten Bastes fest zusammen.

2. Anschließend schneiden wir oben die entstandenen Schlaufen vorsichtig mit einer Schere auf und schon ist ein Haarbüschel für unseren Troll fertig.

3. Den Bastbüschel heften wir mit dem Klammerhefter oben am Baumstamm fest. Die restlichen Haarbüschel stellen wir ebenso her und befestigen sie nebeneinander auf dem Stamm.

4. Für die Nase feilen wir eine Holzkugel an einer Seite etwas flach und kleben sie an. Augen und Mund malen wir mit Plakafarben auf. Dann können wir den Trollen Ohren aus kleinen Holzstücken ankleben.

Bunte Trolle

Früher sahen sich alle Trolle ähnlich: braune Haut, Knubbelnase und eine wilde blonde Mähne. Die aber war ihr besonderer Stolz. Damit die Haare immer schön abstehen und golden schimmern, schmierten sich die Trolle jeden Morgen Honig hinein. Eines Morgens geschah es, daß ein Troll den Honig mit Erdbeermarmelade verwechselte. Was gab es da für Bewunderungsrufe von den anderen Trollen: „Wie hast du deine Haare so toll rot bekommen?" Da sah er das halbleere Glas Erdbeermarmelade, und es dämmerte ihm: Er erzählte von der Erdbeermarmelade. Da rannten die anderen Trolle schnell nach Hause, um das Haarefärben gleich auszuprobieren. Und da nicht jeder Erdbeermarmelade im Haus hatte, schmierte sich der eine Blaubeermarmelade, ein anderer Stachelbeermarmelade ins Haar. Von nun an sahen sich die Trolle nicht mehr ähnlich, und ein jeder konnte sie gut voneinander unterscheiden.

Dino-Marionette

DINO-MARIONETTE

Alter
ab 8 Jahre
Material
1 Toilettenpapierrolle
Schere
Kleber
53 Weinkorken
Silberdraht
Lineal
kleine Flachzange
kleine Rundzange
Messer
Holzbrett als Unterlage
1 Sektkorken
Tonpapier
1 fertiges Marionetten-kreuz
Marionettenfäden
6 dicke Holzperlen
kleiner Holzbohrer

Für diese Bastelei ist es wohl angebracht, erst einmal bei Freunden und Verwandten auf „Korkenjagd“ zu gehen; vielleicht kann man ja auch in einem Lokal nachfragen.

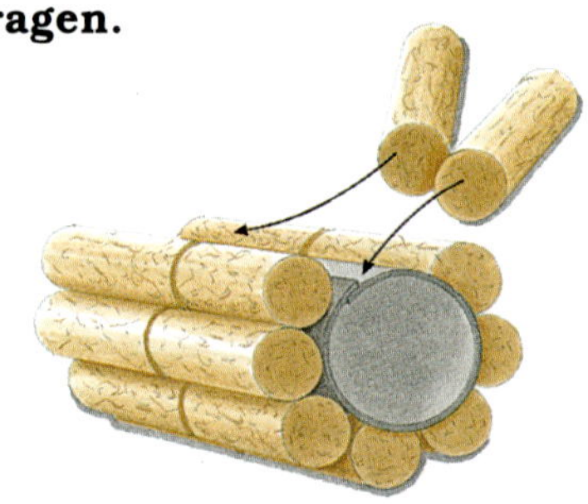

Rumpf

1. Wir schneiden eine Toilettenpapierrolle längs auf. Dann bekleben wir sie mit 8 Reihen von je zwei Korken und kleben den überstehenden langen Rand nach innen fest. Den kurzen seitlichen Rand schneiden wir ab.

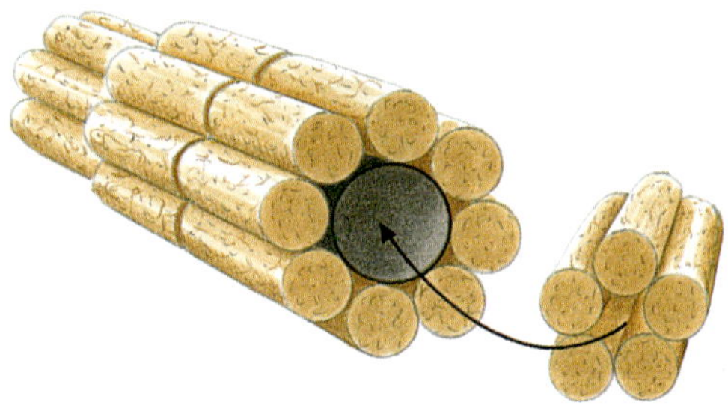

2. Nun kleben wir je einmal sechs, fünf und drei Korken zu einer Rosette zusammen. Die fünf Korken kleben wir vorn an den Rumpf an, die Rosette mit sechs Korken an den hinteren Teil des Rumpfes. Dies sind die festen Bestandteile unserer Marionette.

3. Alle nachfolgenden Teile sollen beweglich sein. Dazu müssen wir erst 37 Ösen aus Silberdraht herstellen, die man ineinander einhängen kann. Wir schneiden ca. 5 cm Draht ab, legen sie zur Hälfte über die Rundzange und drücken den Hals der Öse mit der Flachzange zusammen. Nun kann man immer zwei von ihnen zusammenhängen.

Beine

Je zwei Korken werden mit unserer Ösenkonstruktion verbunden, indem wir die Ösen in den Kork drücken. Die Beine nun am Körper befestigen. Als Fuß kleben wir je einen halben Korken an.

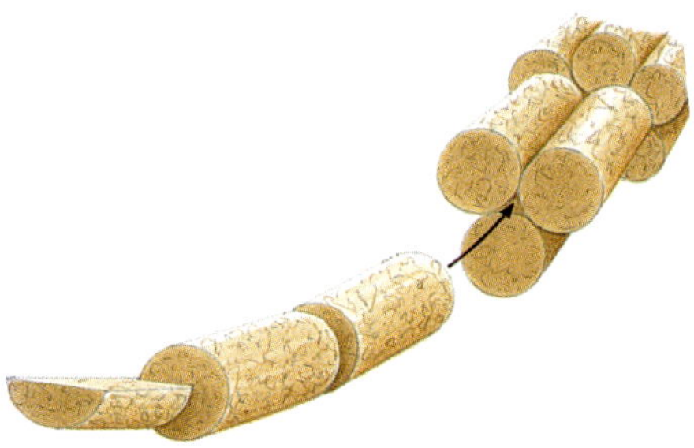

Schwanz

Die drei zusammengeklebten Korken befestigen wir mit Ösen am Rumpf, daran hängen wir noch zwei weitere Korken und einen schräg zurechtgeschnittenen halben.

Hals

Gleiche Konstruktion wie für den Schwanz, nur besteht dieser aus drei zusammengeklebten und drei einzelnen, jeweils ganzen Korken.

Kopf

Den Kopf formen wir aus dem Sektkorken, an den wir zwei schräg zurechtgeschnittene Korken kleben; ein kleines abgerundetes Stück kleben wir als Hinterkopf an. Wir befestigen noch die Augen und die Zähne, die wir nach dem Vorlagebogen aus Tonpapier geschnitten haben. Zuletzt befestigen wir den Kopf mit Ösen am Hals.

Fertigstellung

Damit wir die Fäden der Marionette befestigen können, müssen wir die drei restlichen Ösen an Kopf, Rumpf und erstem Schwanzglied anbringen. Die Fäden der Beine knüpfen wir an die Kniegelenke. Zum Schluß bohren wir mit einem Holzbohrer Löcher in die 6 Ecken des Marionettenkreuzes. Dann bringen wir die Marionettenfäden mit Hilfe der Holzperlen in der richtigen Länge oben an der Holzführung an. Jetzt kann der Dino durch die Wohnung stampfen ...

Wenn goldne Sonnenblumen blühn
und Mais steht auf den Feldern,
wenn Vögel in den Süden ziehn
und bunt das Laub der Wälder,
wenn Drachen steigen in die Luft,
Kartoffelfeuer spenden Duft,
dann wissen's alle, groß und klein:
Der Herbst zieht wieder bei uns ein!

B
S
T

Kürbislaterne

KÜRBISLATERNE

Alter
ab 6 Jahre (mit Hilfe eines Erwachsenen)
Material
1 großer Kürbis
Messer
Löffel
Teelichter

Zierkürbislaterne:
1 kleiner Zierkürbis
Draht
Messer oder Apfelstecher
Löffel
Teelichter
Klebstoff

Diese großen leuchtenden Kürbisgesichter kennen Sie vielleicht aus den USA. Dort schmücken sie zum Halloween-Fest überall die Vorgärten zur Abschreckung böser Geister. Mit Teelichtern beleuchtet, sind sie auch bei uns eine wunderschöne Dekoration.

1. Mit einem Messer schneiden wir den oberen Teil des Kürbisses auf. Am besten lassen wir uns hierbei helfen.

2. Nun höhlen wir den Kürbis aus, das heißt, wir entfernen, am besten mit einem Löffel, das Fruchtfleisch und die Kerne. Die Innereien bewahren wir auf, wir können sie später weiterverwenden (s. Kürbissuppe S. 65).

3. Mit einem Messer schneiden wir dem Kürbis nun ein Gesicht oder ein Muster ein.

4. Zum Schluß stellen wir viele Teelichter in den Kürbis.

Zierkürbislaterne

1. Genauso wie bei der großen Kürbislaterne schneiden wir auch hier den oberen Teil der Frucht ab und löffeln das Innere aus.

2. Mit einem Messer (gut eignet sich auch ein Apfelkernstecher) schneiden wir Muster in den Kürbis.

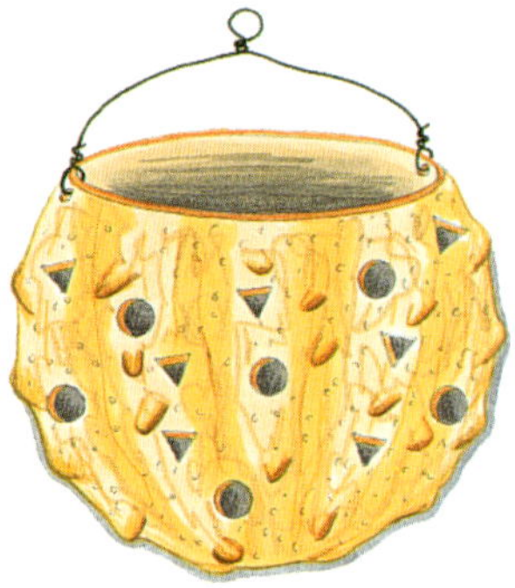

3. Am oberen Rand bohren wir zwei Löcher hinein und befestigen darin ein Drahtstück, so daß die Kürbislaterne auch an einen Laternenstock gehängt werden kann.

4. Das Teelicht wird mit Wachs oder Klebstoff befestigt, damit es nicht umfällt.

Kürbissuppe

KÜRBISSUPPE

Alter
ab 4 Jahre (mit Hilfe eines Erwachsenen)
Zutaten für 4 Personen
2 kleine Stangen Lauch
60 g Butter
500 g Kürbisfleisch
300 g mehlige Kartoffeln
1/4 l Milch
1/4 l Wasser
Salz
Pfeffer
1 Tasse Crème fraîche
Geräte
1 Topf
Schneebesen oder Handmixer

Das vom Basteln der Kürbislaternen übriggebliebene Kürbisfleisch können Sie für eine leckere Kürbissuppe verwenden, die schnell zubereitet ist.

1. Wir schneiden den geputzten, gewaschenen Lauch in kleine Ringe und dünsten ihn mit der Butter in einem Topf glasig.

2. Anschließend geben wir das Kürbisfleisch und die geschälten Kartoffeln kleingeschnitten dazu.

3. Wir füllen nun mit Milch und Wasser auf, schmecken mit Salz und Pfeffer ab und lassen alles bei mittlerer Hitze 30 Minuten kochen.

4. Danach pürieren wir die Suppe mit einem Schneebesen oder dem Handmixer und unterziehen das Ganze mit der Crème fraîche. Jetzt können wir die Suppe servieren.

Aquariumbild

AQUARIUMBILD

Alter
ab 4 Jahre
Material
1 Bogen Papier
Wasserfarbe in Blau
Pinsel
getrocknete und gepreßte Blätter
Klebstoff
kleine Körner oder getrocknete Beeren
Filzstifte

Der Wald im Herbst bietet uns eine Fülle von Materialien, die sehr gut zum Basteln geeignet sind: Blätter und diverse Früchte wie Kastanien, Eicheln oder auch Bucheckern. Sammeln Sie doch während eines Herbstspazierganges diese Früchte und möglichst viele bunte Blätter; gepreßt und getrocknet lassen sie sich sehr gut zu herbstlichen Dekorationen verarbeiten.

1. Um das Aquariumbild herstellen zu können, müssen wir zunächst die gesammelten Blätter pressen. Das geschieht am einfachsten mit der Blumenpresse. Ist keine vorhanden, legen wir die Blätter zwischen Lösch- oder Zeitungspapier, und anschließend zwischen zwei Holzbrettchen, die wir mit Schraubzwingen zusammenpressen. Jetzt müssen wir zwei Tage Geduld haben, damit die Blätter schön glatt und trocken werden.

2. Wir malen einen Bogen Papier mit Wasserfarbe blau an. Wenn das Papier trocken ist, legen wir die verschiedenen Blätter zu Fischen und kleben sie auf. Für die Augen können wir die Körner verwenden, oder wir malen sie einfach mit dem Filzstift auf.

Schaukasten

Die Materialien zur Herstellung des Schaukastens sind hier zwar vorgegeben, die Kinder können ihn aber auch nach eigener Phantasie gestalten. Zeigen Sie den Kindern, wie sie oben mit einer Taschenlampe in den Schaukasten hineinleuchten und schummrige Lichteffekte erzielen können.

1. In den Schuhkarton schneiden wir in eine Schmalseite und in den Deckel Fenster. Dabei lassen wir uns am besten von einem Erwachsenen helfen.

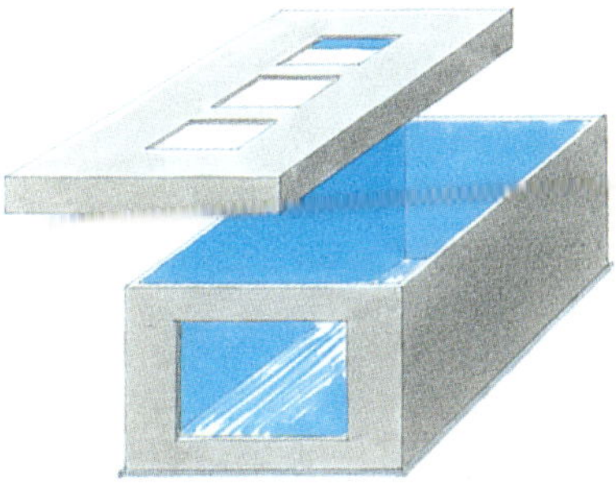

2. Wir malen den Karton innen (auch die Innenseite vom Deckel) mit Wasserfarbe blau an.

3. Die Gräser stecken wir in kleine Stückchen Knetgummi oder in vorher blau angemaltes Styropor. So erhalten wir eine Unterwasserlandschaft. Steinchen und Muscheln fixieren wir mit Klebstoff auf dem Boden des Kartons. In einen Streifen Wellpappe stecken wir Gräser und kleben ihn an eine Innenseite des Kartons.

4. Nun stellen wir die Fische, wie beim Aquariumbild beschrieben, her. Für die Fischkörper verwenden wir aber zwei etwa gleichgroße Blätter, damit wir die Flossen und einen Faden zum Aufhängen dazwischenkleben können.

5. Die Fische befestigen wir an der Innenseite des Kartondeckels mit Klebestreifen. Wenn wir den Deckel auf den Karton legen, sollten die Fische frei hängen.

SCHAUKASTEN

Alter
ab 5 Jahre (mit Hilfe eines Erwachsenen)

Material
1 Schuhkarton
Knetgummireste oder Styroporstückchen
verschiedene Gräser
kleine Steine
Ästchen
eventuell einige Muscheln
gepreßte und getrocknete Blätter
1 Stück dunkelblaue Folie
Rest Wellpappe
Klebestreifen
Klebstoff
1 Taschenlampe

Blätterdruck

BLÄTTERDRUCK

Alter
ab 5 Jahre
Material
Blätter (Laub)
1 Korken oder 1 halbierte Kartoffel
Klebestift
Schere
Pinsel
Farbe
Papier oder dünner Karton

Blätter im Herbst bieten mit ihren vielen verschiedenen Farben und Formen eine Menge Möglichkeiten zum Basteln. Bringen Sie doch mal einen Korken oder eine Kartoffel mit ins Spiel. Damit lassen sich Blattstempel herstellen, die reizvolle Muster ergeben.

1. Wir können einen Korken oder eine kleine, halbierte Kartoffel verwenden. Die Schnittfläche streichen wir mit Klebestift ein, drücken ein Blatt mit ausgeprägten Adern an und schneiden den überstehenden Rand des Blattes ab.

2. Mit dem Pinsel nehmen wir Farbe auf und bestreichen den Stempel damit nicht zu naß.

3. Nun können wir Bilder drucken und Karten, Geschenkpapier oder Lesezeichen herstellen. Ob wir einfarbig oder bunt drucken, ist Geschmackssache. Zwischendurch ziehen wir das Stempelblatt ab und kleben ein frisches auf.

Blätterkarten

Herbstliche Grüße aus dem Kinderzimmer – hier werden Blätter in Grußkarten verwandelt, die sich für jeden Anlaß eignen.

1. Wir sammeln unterschiedlich gefärbte große Blätter, legen sie einzeln zwischen Zeitungen und beschweren sie, bis sie glatt und ganz getrocknet sind.

2. Dann übertragen wir das Quadrat oder das Dreieck von der Vorlage auf einen Rest Karton und schneiden es exakt aus.

3. Wir suchen uns zwei verschiedenfarbige Blätter aus, legen die Schablone darauf und ziehen mit dem Filzstift eine Linie darum.

4. Die Quadrate oder Dreiecke auf den Blättern schneiden wir vorsichtig mit der Schere aus und verteilen sie erst einmal lose, bis uns das Muster gefällt. Dann bestreichen wir einen dünnen Karton in Postkartengröße ganzflächig mit einem

Klebestift, legen die Blätter Kante an Kante darauf und drücken sie fest.

5. Wenn die beklebte Fläche groß genug ist, ziehen wir mit Lineal und Filzstift eine Linie darum, die knapp auf dem äußeren Rand der Blattfläche liegt und schneiden sie nach.

6. Entweder lassen wir die Karte so wie sie ist, oder wir kleben sie auf eine etwas größere weiße Klappkarte auf.

Tip: Wenn wir die Blätter auf dunkelbraunen, dünnen Karton kleben, blitzen keine weißen Stellen durch, falls wir nicht ganz exakt geschnitten haben oder kleine Löcher in den Blättern sind.

BLÄTTERKARTEN

Alter
ab 6 Jahre

Material
große Herbstblätter in möglichst unterschiedlichen Farben
Zeitungen
Rest Karton
Pauspapier
Bleistift
dünner Filzstift
Schere
Klebestift
dünner Karton
Lineal

Blätterdekorationen

BLÄTTER-DEKORATIONEN

Alter
ab 4 Jahre (mit Hilfe eines Erwachsenen)

Material
Nußblätter:
getrocknete und gepreßte Blätter
halbe Walnußschalen
Klebstoff
Nähfaden

Wachsblätter:
getrocknete und gepreßte Blätter mit Stiel
Kerzenreste
Faden zum Aufhängen
alter Topf
alter Holzlöffel

Einen verregneten Herbsttag können Sie dazu nutzen, gemeinsam mit den Kindern das Zimmer mit gesammelten Herbstblättern und -früchten zu schmücken. Dazu finden Sie auf diesen beiden Seiten einige Anregungen.
Die Wachsblätter sollten die Kinder auf jeden Fall nur unter Ihrer Aufsicht herstellen. Bereiten Sie auch die Kastanien für die Blättergirlanden vor, indem Sie mit einem Handbohrer Löcher hineinbohren.

Nußblätter
Für diesen Zimmerschmuck suchen wir besonders schöne Blätter mit Stiel aus. Wir bestreichen die Walnußhälften dünn mit Klebstoff und fixieren sie beidseitig auf den Blättern. Wenn die Nußhälften angetrocknet sind, versehen wir die Blattstiele mit einem Faden, und schon sind sie fertig zum Aufhängen.

Wachsblätter
1. Zunächst bereiten wir unseren Arbeitsplatz vor: Wir decken die Arbeitsfläche mit Folie ab und legen das Material bereit. Die Kerzenreste erhitzen wir im Topf. Falls noch Dochtreste vorhanden sind, entfernen wir sie. Das Wachs soll zwar gut flüssig, jedoch nicht zu heiß sein.

2. Wir nehmen den Topf vom Herd, fassen ein Blatt am Stiel an und tauchen es ganz kurz in das flüssige Wachs. Wir warten einige Sekunden, bis das Wachs abgetropft und etwas angetrocknet ist und wiederholen den Vorgang einige Male, bis uns die Wachsschicht dick genug ist. Auf der Folie lassen wir die Wachsblätter fest werden.

Blätterkranz:
getrocknete und
gepreßte Blätter und
Gräser
Fotokarton
Schere
Bleistift
Alleskleber

Blättergirlanden:
getrocknete und
gepreßte Blätter
Roßkastanien
Handbohrer
1 Stopfnadel

Blätterkranz

1. Wir schneiden zunächst einen Kreis aus Fotokarton aus. Je nachdem, wie groß der Blätterkranz werden soll, wählen wir einen Durchmesser von 10 bis 15 cm und eine Breite von 2 cm.

2. Wir legen alle Blätter und Gräser bereit, damit wir einen Überblick bekommen, welche sich am besten eignen, und ordnen sie dann auf dem Kreis an. Wir legen die Blätter so auf, daß sie wie Schuppen halb übereinanderliegen.

3. Wenn uns das Arrangement gefällt, kleben wir die Blätter auf.

Blättergirlanden

Wir überlegen, wie lang die Girlande werden soll, und schneiden in entsprechender Länge einen Faden ab. Zum Auffädeln verwenden wir eine Stopfnadel und ziehen jetzt abwechselnd eine Kastanie und ein Blatt auf den Faden. Wir können die Girlande von der Decke hängen lassen oder das Fenster damit schmücken.

Allerlei aus Tannenzapfen

ALLERLEI AUS TANNENZAPFEN

Alter
ab 5 Jahre

Material
Stabpuppen:
Tannenzapfen
Erlenzapfen
Federn
kleine Eichelhütchen
Ästchen
Kiefernnadeln
Bucheckernhüllen
Körner
Filzreste
Tonpapierreste
Holzleisten, Länge 20 cm, Breite 1 cm, Dicke 4 mm
oder gerade gewachsene Ästchen
Holzleim
Säge

Igel und Tannenbaum:
Fotokarton in Grün und Braun
Tannenzapfen
Transparentpapier
Bleistift
Schere
Faden

Tannenzapfen regen nicht nur die Sammellust der Kinder an, sie können beim Basteln mit diesem haltbaren Naturmaterial auch ihrer Phantasie freien Lauf lassen. Es ist deshalb ratsam, einen kleinen Vorrat anzulegen, damit sie für die verschiedenen Figuren die richtige Größe heraussuchen können.

Stabpuppen

1. Für die Stabpuppen benötigen wir nur die breiten runden Teile der Tannenzapfen. Wir lassen sie uns am besten von einem Erwachsenen durchsägen.

2. Die Gesichter unserer Stabpuppen können wir wie auf der Abbildung zu sehen gestalten oder nach eigener Phantasie herstellen.

3. Unten am Kopf wird ein kleines Stück Ast als Hals mit Holzleim fixiert und in den zweiten Zapfen gesteckt. Auch der Stab zum Festhalten wird eingesteckt und angeklebt und schon sind die Figuren fertig für ein Puppenspiel! Wir können die lustigen Gesellen aber auch als Schmuck für den Blumentopf verwenden.

Igel und Tannenbaum

1. Vom Vorlagebogen pausen wir die Muster auf einfache Pappe ab, schneiden sie aus und erhalten so die Schablonen.

2. Wir übertragen sie auf braunen Karton für den Igel und auf grünen Karton für den Tannenbaum.

3. Nun schneiden wir die beiden Motive aus. Für die Innenteile benutzen wir am besten eine kleine spitze Schere.

4. Nun setzen wir passende Tannenzapfen ein und fixieren sie wenn nötig mit etwas Klebstoff. Die Fäden zum Aufhängen sollten farblich auf das Motiv abgestimmt sein. Geeignet dazu ist braunes oder grünes Perlgarn.

Kim-Spiele

Herbstfrüchte und andere Funde aus der Natur sind auch ein schönes Spielmaterial zur Förderung des Tastsinnes und der Wahrnehmungsfähigkeit. Nebenbei erwerben die Kinder einen größeren Wortschatz.
Bereiten Sie für das folgende Spiel, wie in der Materialliste beschrieben, 2 Beutel mit jeweils gleichem Inhalt vor.

Pärchen gesucht

Ein Kind greift aus einem Beutel einen der Gegenstände, und versucht aus dem zweiten Beutel den gleichen Gegenstand herauszufinden. Sieger ist, wer die meisten Früchte wiedererkannt hat.

Was fehlt?

Mit den gleichen Fruchtpaaren können wir das nächste Spiel machen. Statt 2 Beutel nehmen wir aber 2 Deckchen und verwenden sechs oder sieben Fruchtpaare. Diese verteilen wir so auf die Decken, daß auf beiden die gleichen Früchte liegen. Wir sehen uns vorher alles genau an. Jetzt dreht sich ein Kind um, und ein anderes entfernt von einem der Deckchen einen oder mehrere Gegenstände. Die restlichen Früchte werden in ihrer Anordnung verändert. Nun dreht sich das erste Kind um und muß durch Vergleichen herausfinden, was fehlt.

KIM-SPIELE

Alter
ab 4 Jahre
Teilnehmer
2 bis 10
Material
2 Stoffbeutel
von verschiedenen Herbstfrüchten jeweils 2 Stück, zum Beispiel:
2 große Tannenzapfen
2 kleine Tannenzapfen
2 Lärchenzapfen
2 Fichtenzapfen
2 Kastanien
2 Walnüsse
2 Eicheln
2 Eichelhütchen
2 Haselnüsse
2 Bucheckernhüllen
2 Stückchen Baumrinde

Tannenzapfentiere

TANNENZAPFENTIERE

Alter
ab 4 Jahre (mit Hilfe eines Erwachsenen)

Material
Tannenzapfen
Bucheckern und ihre Hüllen
Eicheln
Eichelhütchen
Federn
getrocknete und gepreßte Blätter
kleine Ästchen
Kiefernnadeln
Tannenzapfen
Mohnkapseln
kleine Perlen
Körner
Knopfaugen
Rest rotes Tonpapier
Rest schwarzer Filz
Filzstift
Holzleim
Messer
Papierlocher
Schere

Kinder basteln Tiere immer wieder gern. Für diesen kleinen Zoo benötigen Sie außer Tannenzapfen noch etwas Zubehör. Deshalb wäre es ganz günstig, wenn Sie zusammen mit den Kindern viele Früchte im Wald gesammelt haben, damit sie dann später beim Basteln nach Herzenslust variieren können. Für die Schildkröte sägen Sie bitte vorher den spitzen Teil eines Tannenzapfens ab.

Vögel

1. Auf den Stielansatz eines Tannenzapfens kleben wir eine Buchecker oder dessen Hülle (Keimblätter) als Schnabel.

2. Für den Schwanz verwenden wir kleine Federn oder schmale gepreßte Blätter. Dazu träufeln wir einige Tropfen Holzleim in den Tannenzapfen und stecken die Federn oder Blätter hinein.

3. Wir können die Augen mit dem Filzstift aufmalen oder mit dem Papierlocher aus Filz ausstanzen und aufkleben. Für die Füße können wir zwei Eichelhütchen verwenden.

Schildkröte

An den stumpfen Teil eines Tannenzapfens kleben wir eine Eichel als Kopf und eine große Schuppe eines Tannenzapfens als Schwanz an. Die Augen malen wir mit Filzstift auf.

Ente

1. Wir suchen einen größeren Tannenzapfen für den Bauch aus und einen kleineren für den Kopf und kleben sie so aufeinander, daß der Stielansatz als Schnabel benutzt werden kann.

2. Für die Augen wählen wir Perlen oder Körner aus und kleben sie ebenfalls mit wenig Leim auf.

3. Den Schnabel schneiden wir aus Tonpapier und kleben ihn vorn auf den Stielansatz.

4. Die Füße erhält die Ente, indem wir eine Eichel in zwei Hälften schneiden (das macht besser ein Erwachsener) und unten an den Körper kleben.

5. Zum Schluß stecken wir noch eine kleine Feder als Schwanz ein.

Raupe

1. Für das Raupengesicht können wir die stumpfe Seite des Tannenzapfens als Gesicht gestalten.

2. Den Mund schneiden wir aus Tonpapier aus. Diesen und die beiden Knopfaugen kleben wir an den Tannenzapfen.

3. Für die Fühler stecken wir zwei kleine Ästchen oben in den Tannenzapfen und fixieren sie mit etwas Leim.

Stachelschwein

Das Stachelschwein erfordert etwas Geduld, bis alles angeklebt und getrocknet ist.

1. Für den Körper suchen wir uns einen dicken Tannenzapfen aus. Für das Schnäuzchen schneiden wir von einer Mohnkapsel Stiel und Blütenstand ab und kleben sie an die Spitze des Tannenzapfens.

2. Für die Füße brechen wir 4 große Schuppen von einem Tannenzapfen ab und kleben sie an den Körper.

3. Jetzt tupfen wir mehrere Tropfen Holzleim verteilt in den Tannenzapfen und stecken die Kiefernnadeln hinein. Nun müssen wir noch alles gut trocknen lassen.

Basteln mit Mondviolen

BASTELN MIT MONDVIOLEN

Alter
ab 6 Jahre

Material
Mondviolenblätter
Klebestift
Pauspapier
Bleistift
Schere
dünner brauner Karton
Transparentpapier
Rest Tonkarton in Gelb und Schwarz
pro Schmetterling
1 Holzperle, Ø 1 cm
Faden
1 Zweigstück

Die silberglänzenden „Segel" der Mondviole, eine Zierpflanze, die auch Silberling genannt wird, sind beliebte Zutaten für einen Trokkenblumenstrauß. Ebensogut eignen sie sich aber zum Basteln. Die reifen und gut getrockneten Fruchtblätter der Mondviole müssen nur von ihren Fruchthäuten und den Samen befreit werden, was ganz leicht zwischen zwei Fingern geht.

Schmetterlingsmobile

1. Wir falten einen Streifen dünnen Karton und übertragen darauf den Schmetterlingskörper vom Vorlagebogen, wobei die gestrichelte Linie auf der Falzkante liegt.

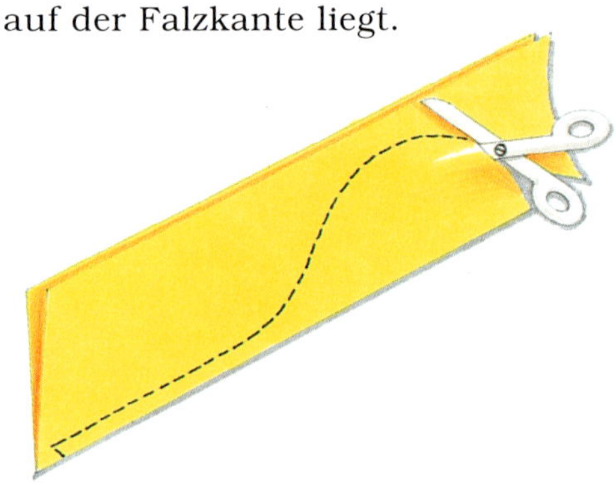

2. Den Körper schneiden wir aus, falten ihn auseinander und trennen den langen Steg in der Falzkante vorsichtig mit der Schere durch. So erhalten wir die Fühler.

3. Durch das Loch in der Holzperle ziehen wir einen 30–40 cm langen Nähfaden und verknoten ihn an seinem Ende außen herum. Mit dem Knoten nach oben schieben wir die Perle über die beiden Fühler und kleben auf beide Seiten des Körpers je ein Mondviolenblatt.

4. In der Mitte des Zweigstückes befestigen wir einen Faden und hängen es in Arbeitshöhe auf. Daran verteilen wir die Schmetterlinge in unterschiedlicher Höhe.

Fisch

1. Wir pausen die Vorlage des Fisches auf weißes Papier und legen Transparentpapier darüber. Mit dem Schwanzende beginnend, kleben wir vorher mit der Schere halbierte Mondviolenblätter schuppenförmig aneinander, bis hin zum Kopf. Den Kopf kleben wir aus ganzen Teilen. Wir ziehen die dunklen Ränder vorher teilweise ab, dann laufen nicht so viele Linien durch den Kopf.

2. Nun fehlen noch die Flossen, für die wir 4 längs halbierte Mondviolenblätter ankleben. Für das Auge benötigen wir einen kleinen schwarzen Kreis aus Karton. Das noch überstehende Transparentpapier schneiden wir vorsichtig weg.

Eule

1. Die Vorlage für die Eule übertragen wir auf braunen Karton und schneiden sie aus. Für das Federkleid benötigen wir quer halbierte Mondviolenblätter. Wir beginnen am unteren Rand der Eule und kleben sie schuppenförmig Reihe für Reihe auf, bis zum Hals.

2. Als Augen kleben wir zwei Mondviolen an, darauf zwei gelbe Kreise aus Karton und darauf die Pupillen aus kleinen schwarzen Kreisen.

3. Den Schnabel pausen wir vom Vorlagebogen ab und übertragen ihn auf gelbes Tonpapier. Wir falten den Schnabel zusammen, kleben eine Seite auf und klappen die andere nach oben. Für die Ohren verwenden wir je ein quer halbiertes Mondviolenblatt und befestigen es auf der Rückseite des Kopfes so, daß sie zur Hälfte hervorschauen.

Zwergenschule

ZWERGENSCHULE

Alter
ab 6 Jahre
Material
1 Kiefernzapfen
4 Erlenzapfen
16 Weinkorken
Lederband
Filzreste
Tonpapierreste in Rot, Blau, Orange und Braun
Zahnstocher
Messer
Schere
Kleber
Bleistift
Pauspapier

Diese Bastelarbeit erfordert einiges Geschick und Geduld. Es wird den Kindern anschließend aber sicher viel Spaß machen, den Zapfenzwergen Unterricht zu geben.

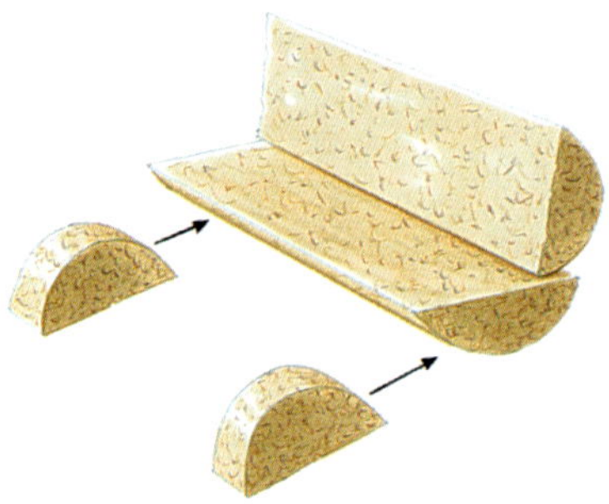

Schulbänke und Tische
Wir schneiden einen Korken längs in der Mitte durch und kleben die Teile so zusammen, daß eine Sitzfläche entsteht. Wir schneiden nun einen weiteren Korken längs in drei Teile. Den schmalen Streifen aus der Mitte kleben wir als Tischplatte auf einen runden Teil. Aus dem übriggebliebenen halbrunden Stück schneiden wir die Tisch- und Bankbeine und kleben sie an.

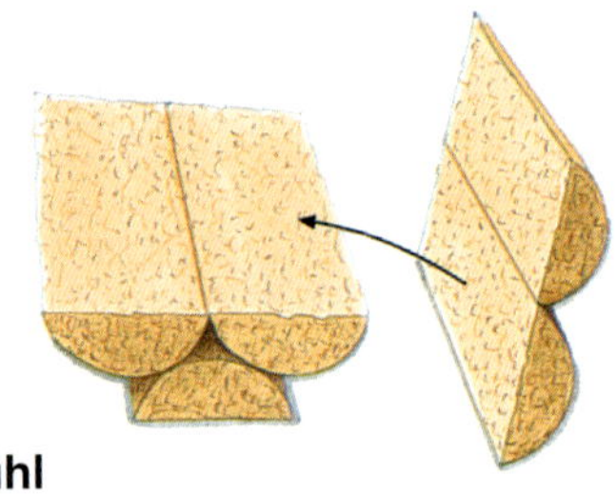

Lehrerstuhl
Wir halbieren zwei Korken längs und kleben sie zu einem Sitz.

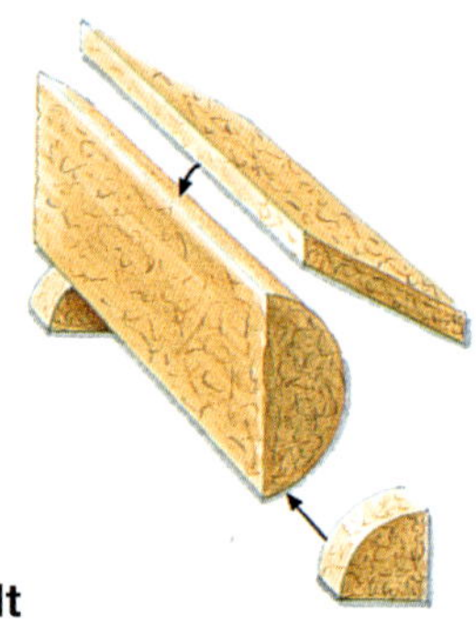

Lehrerpult
Wir teilen einen weiteren Korken längs in drei Teile, kleben die zwei runden aufeinander, den schmalen Mittelteil als Tischfläche darauf. Von einem neuen Korken schneiden wir zwei Scheiben ab, halbieren sie und kleben sie als Beine an.

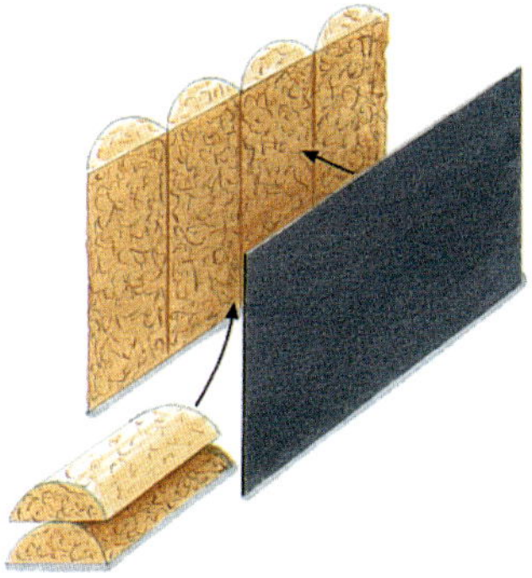

Tafel

Zwei Korken halbieren wir längs und kleben alle vier Teile zu einer Fläche zusammen. Zwei halbierte Scheiben kleben wir als Fuß an. Aus schwarzem Tonpapier schneiden wir das Tafelbild zurecht und kleben es auf die Fläche.

Schultaschen

Die Schultaschen bestehen aus einem viereckigen Stück Korken, an dessen Rückseite wir zwei kleine Stücke Lederband befestigen.

Schüler und Lehrer

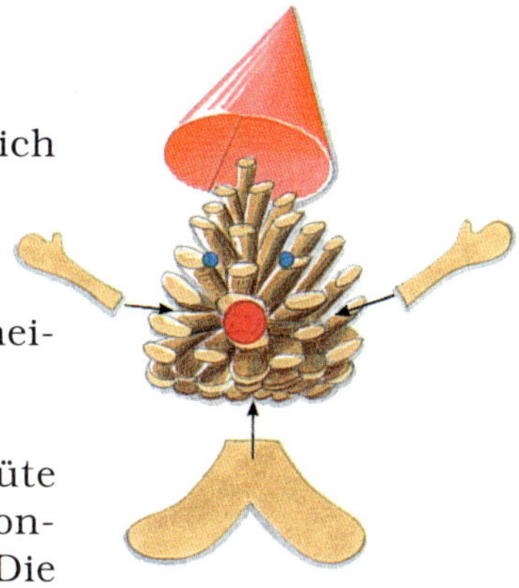

1. Jetzt brauchen wir natürlich noch die Schüler und den Lehrer. Wir pausen vom Vorlagebogen die Teile für Hüte, Arme und Beine auf eine Schablone und schneiden sie aus.

2. Aus Filz schneiden wir die Hüte und die Nase des Lehrers, aus Tonpapier Augen, Arme und Beine. Die Hüte kleben wir an der geraden Seite zu einer Tüte zusammen und befestigen sie an den Zapfen. Ebenso kleben wir die restlichen Teile auf die Zapfen; der Lehrer bekommt noch seinen Zeigestock – und schon kann der Unterricht beginnen!

Nußspinnen-Spiel

2. Wir schneiden acht Spinnenbeine aus Makrameegarn oder Wolle zu und kleben sie unter die Schale. Wenn wir jetzt noch mit Filzstift zwei Augen aufmalen, ist unsere Spinne schon fertig.

NUSSSPINNEN-SPIEL

Alter

ab 4 Jahre (mit Hilfe eines Erwachsenen)

Teilnehmer

allein oder in einer kleinen Gruppe

Material

Walnußschalenhälfte
Handbohrer
Fertigöse
braune dünne Wolle oder Makrameegarn
Häkelgarn
Stab
Schere
Klebstoff
Filzstift

Aus einem langen verregneten Herbstnachmittag können Sie einen spannenden Spieletag machen, denn mit wenigen Mitteln läßt sich ein Geschicklichkeitsspiel herstellen, das Freude beim Basteln macht und in mehreren Variationen gespielt werden kann. Auch eigene Regeln können sich die Kinder dabei bestimmt ausdenken.

Nußspinne

1. Wir lassen uns von einem Erwachsenen ein kleines Loch in die Mitte der Nußschale bohren. Da hinein drehen wir eine fertige Öse oder kleben eine Schlaufe aus Garn.

3. An dem Stab befestigen wir ein Ende eines langen Stück Garns, das andere an der Spinne. Jetzt können wir die Spinne „laufen“ lassen.

Spielfeld

1. Wir übertragen vom Vorlagebogen das Spinnennetz auf drei Blätter des Zeichenblocks. Auf einen Bogen schreiben wir mit dickem Filzstift Buchstaben, auf einen weiteren Zahlen. Den dritten Bogen können wir mit bunten Tonpapierstücken bekleben oder mit Wasserfarben ausmalen.

2. Um unser Spielfeld komplett zu machen, kleben wir die beiden Folien vorsichtig mit Klebestreifen zusammen. Diesen Bogen legen wir auf eines der Spinnennetze und kleben die Wolle oder Garnstücke auf die Linien, so daß ein „leeres" Spinnennetz entsteht. Darunter können wir dann je nach Wahl die verschiedenen anderen Bogen legen.

Spielregeln

Ein Kind stellt sich vor das Spielfeld und versucht, die Spinne auf ein bestimmtes Feld zu setzen, wobei es nur den Stab zu Hilfe nehmen darf. Je länger das Garn ist, an dem die Spinne hängt, desto schwieriger wird es. Landet die Spinne zwischen zwei Feldern, ist dieser Versuch ungültig.

Zahlen: Jedes Kind hat fünf Versuche, mit verbundenen Augen die Spinne zu plazieren. Die anderen Mitspieler zählen die Punkte. Die Spinne darf nicht zweimal im gleichen Feld landen.

Buchstaben: Der Spieler denkt sich ein Wort und versucht, die Spinne Buchstabe für Buchstabe laufen zu lassen. Die anderen müssen das Wort erkennen.

Farben: Der Spieler muß mit verbundenen Augen das Spielfeld fünfmal treffen. Eine Farbe wird vorher festgelegt, die er nicht treffen darf. Trifft er sie dennoch, ist der nächste dran. Die Punkte, die er bis dahin erreicht hat, werden gezählt. Das Spiel wird drei Runden gespielt. Sieger ist, wer die meisten Punkte erzielt hat.
Oder: Eine Farbkombination wird vorher festgelegt, die der Spieler treffen muß, gezählt werden die Fehler. Der Spieler mit den wenigsten Fehlern gewinnt.

SPIELFELD

Makrameegarn oder Wolle
2 Folien, DIN A4
Klarsichtklebestreifen
3 Zeichenblockblätter DIN A3
Tonpapier oder Wasserfarben
Filzstift
Kleber
Schere
Bleistift
Pauspapier

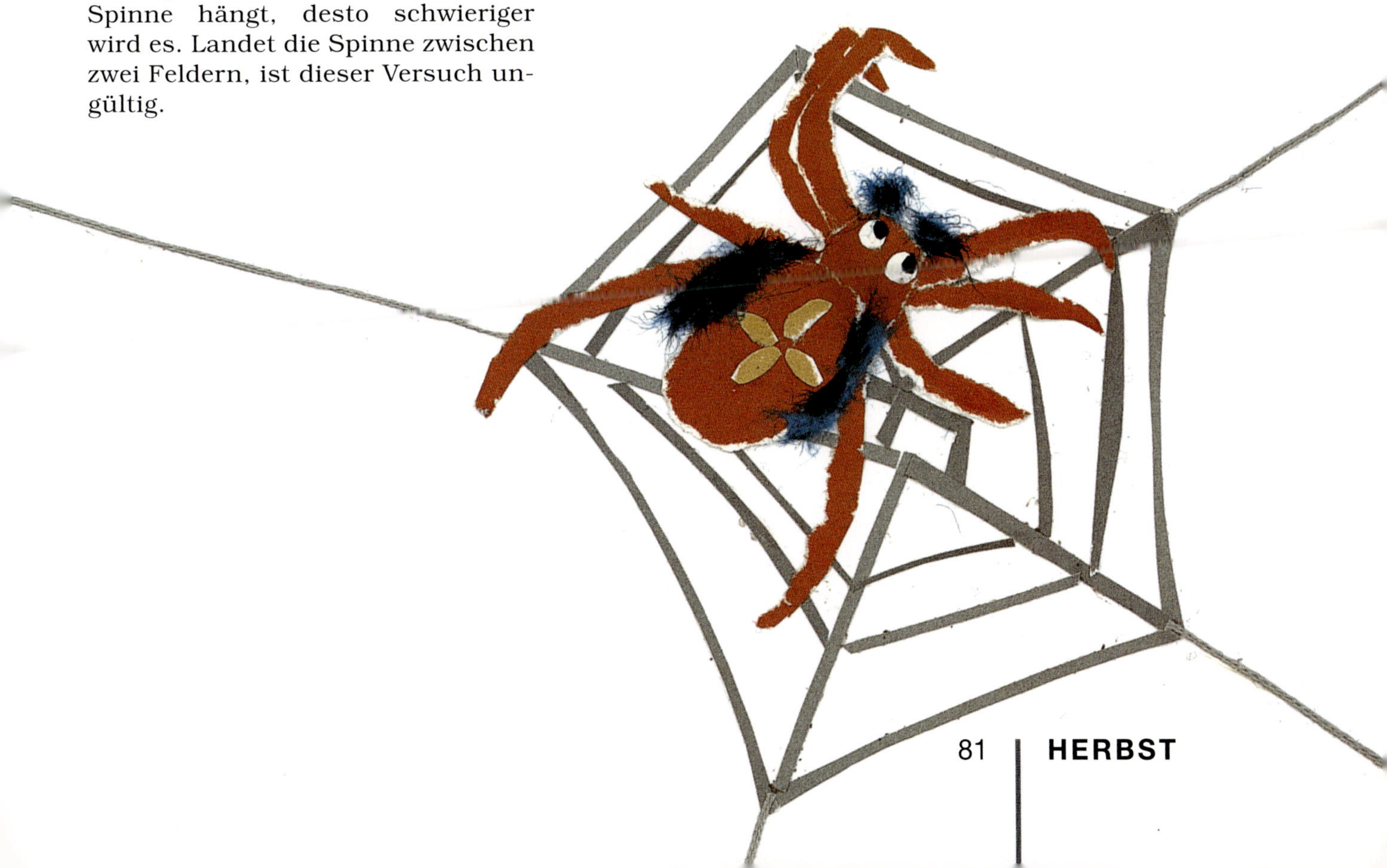

Laternen zum Martinstag

LATERNEN ZUM MARTINSTAG

Alter
ab 6 Jahre (mit Hilfe eines Erwachsenen)

Material
Tapetenkleister
1 Schüssel
Sisal- oder Hanfschnur
Luftballons
1 Blumentopf aus Ton
1 kleines Holzbrettchen
verschiedene Herbstfrüchte
Teelichter oder elektrischer, mit einer Batterie gespeister Laternenstab

Am Martinstag mit einer selbstgebastelten Laterne am Umzug teilzunehmen ist für die Kinder immer wieder ein besonderes Erlebnis. In manchen Gegenden ist es Brauch, während des Umzuges kleine Lichter ins Fenster zu stellen. Diese gespenstigen Gesichter zu basteln ist zwar etwas aufwendig, sie sehen dafür aber besonders lustig aus.

1. Zuerst rühren wir den Tapetenkleister nach der beiliegenden Pakkungsvorschrift an.

2. Die Sisal- oder Hanfschnur rollen wir zu einem Knäuel auf. Den Luftballon blasen wir so groß auf, wie wir die Laterne haben möchten; für eine Tischlaterne also etwas kleiner als für eine Laterne zum Martinstagumzug.

3. Wenn wir den Luftballon aufgeblasen und zugeknotet haben, binden wir eine Kordel um diesen Knoten und ziehen sie anschließend von oben durch das Loch im Blumentopf.

4. Anschließend binden wir die Kordel an den Tisch oder an ein Holzbrettchen, damit der Luftballon möglichst fest auf dem Tontopf sitzt.

5. Jetzt kleistern wir den Luftballon ein und wickeln dann die Schnur kreuz und quer um unseren Ballon.

Wir passen auf, daß wir gleichmäßig wickeln und dabei keine zu großen Lücken lassen. Zwischendurch kleistern wir die Schnur immer wieder ein. Sie soll vom Kleister gut durchfeuchtet sein. Zu dick umwickelt werden darf der Ballon allerdings nicht, weil die Laterne sonst hinterher nicht so schön leuchtet.

6. Jetzt muß der Ballon 1 bis 2 Tage trocknen. Wenn die Sisalschnur fast trocken ist, lassen wir die Luft aus dem Ballon, damit er nicht so fest an der Schnur klebt.

7. Das Gesicht können wir wie auf den Abbildungen zu sehen herstellen oder ganz nach eigener Phantasie gestalten.

8. Als Beleuchtung für die Tischlaternen (s. Foto S. 82 unten) verwenden wir am besten Teelichter. Für den Umzug am Martinstag eignen sich dagegen elektrische, mit einer Batterie gespeiste Laternenstäbe besser.

Tip: Da diese Arbeit etwas aufwendig ist, lohnt es sich, gleich mehrere Laternen zu basteln.

Das Rübeziehen

Großväterchen hat Rüben gesät. Er will eine dicke Rübe herausziehen; er packt sie beim Schopf, und er zieht und zieht und kann sie nicht herausziehen. Großväterchen ruft Großmütterchen, Großmütterchen zieht Großväterchen, Großväterchen zieht die Rübe, sie ziehen und ziehen und können sie nicht herausziehen. Großmütterchen ruft das Enkelchen. Enkelchen zieht Großmütterchen, Großmütterchen zieht Großväterchen, Großväterchen zieht die Rübe, und sie ziehen und ziehen und können sie nicht herausziehen. Enkelchen ruft das Hündchen. Hündchen zieht Enkelchen, Enkelchen zieht Großmütterchen, Großmütterchen zieht Großväterchen, Großväterchen zieht die Rübe, und sie ziehen und ziehen und können sie nicht herausziehen. Hündchen ruft das Hühnchen. Hühnchen zieht Hündchen, Hündchen zieht Enkelchen, Enkelchen zieht Großmütterchen, Großmütterchen zieht Großväterchen, Großväterchen zieht die Rübe, und sie ziehen und ziehen und können sie nicht herausziehen. Hühnchen ruft das Mäuschen. Mäuschen zieht Hühnchen, Hühnchen zieht Hündchen, Hündchen zieht Enkelchen, Enkelchen zieht Großmütterchen, Großmütterchen zieht Großväterchen, Großväterchen zieht die Rübe, und sie ziehen und ziehen, und – schwupps – ist die Rübe heraus, und das Märchen ist aus.

Russisches Märchen

Singspiel zum Märchen

Nebenstehendes Märchen bietet sich geradezu an, es einmal als kleines Singspiel nachzuempfinden. Vielleicht haben die Kinder auch Spaß daran, sich entsprechend zu verkleiden und ein richtiges kleines Theaterstück daraus zu machen.

Die einzelnen Darsteller kommen jeweils nach dem Rufgesang und mimen das Ziehen, indem sie sich nacheinander aufstellen, um die Hüfte fassen und so tun, als ob sie kräftig ziehen. Erst als das Mäuschen mitzieht, gelingt es allen, die Rübe herauszuziehen.

SINGSPIEL ZUM MÄRCHEN

Alter

ab 5 Jahre

Teilnehmer

6 Kinder als Darsteller und beliebige Anzahl Kinder als Chor

Material

eventuell eine Kopfbedeckung als Verkleidung

Melodie: Ria Janßen

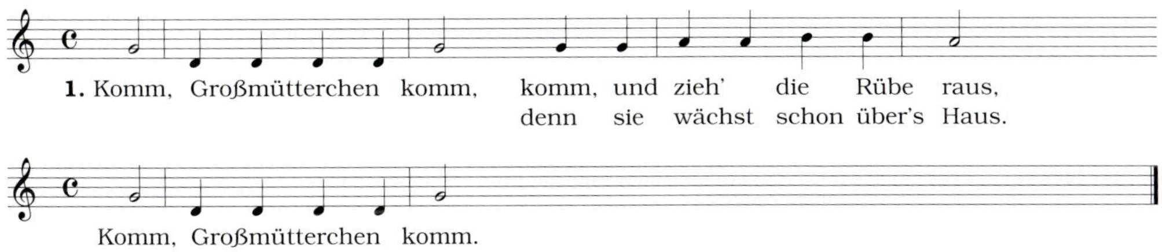

2. Komm, Enkelchen komm, komm und zieh' die Rübe raus,
denn sie wächst schon übers Haus. Komm, Enkelchen komm.

3. Komm, Hündchen komm, ...

4. Komm, Hühnchen komm, ...

5. Komm, Mäuschen komm, ...

Kork-Flugzeug

KORK-FLUGZEUG

Alter
ab 5 Jahre
Material
1 Sektkorken
5 Weinkorken
Kleber
Küchenmesser
Küchenbrett als Arbeitsunterlage
2 Ahorn-Früchte
1 Stecknadel

Mit ein paar Weinkorken läßt sich ein ganzer Flugzeugpark bauen und jedes Modell hat dabei seine eigene Note.

1. Wir kleben den Sektkorken an einen Weinkorken – das ist der Flugzeugrumpf. Dann halbieren wir einen weiteren Korken längs und kleben die Hälften an der Schmalseite zusammen – das sind die Flügel, die wir direkt hinter dem dicken Teil des Sektkorkens befestigen.

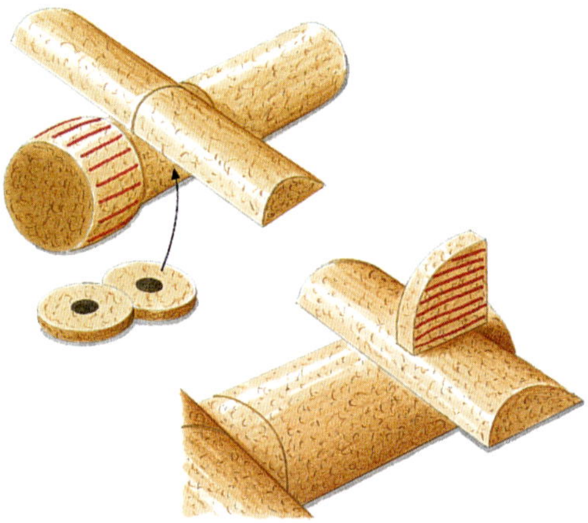

2. Wir schneiden von dem 4. Korken zunächst vier dünne Scheiben ab. Zwei davon kleben wir als Räder unterhalb der Flügel an den Rumpf. Wir vierteln eine weitere Scheibe. Wir schneiden noch einen schmalen Längsstreifen und setzen das Viertel darauf – das ist das Heck.

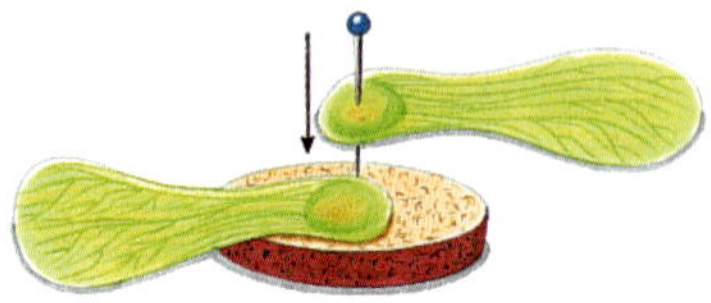

3. Die vierte Scheibe ist die Unterlage des Propellers, die wir auf den Sektkorken kleben. Die Ahornfrüchte legen wir zu einem Rotorblatt, kleben sie so an ihren dicken Seiten aneinander und stechen eine Stecknadel durch. Diese stecken wir dann in die Vorderfront des Flugzeugs und können damit sogar den Propeller drehen.

4. Um einen Doppeldecker zu bauen, verwenden wir statt des Sektkorkens einen Weinkorken und schneiden ein zweites Flügelpaar, das wir unter die oberen Flügel kleben. Vorher allerdings müssen wir in jedes der beiden unteren Flügel eine kleine Kerbe einschneiden, damit wir sie hinter den Rädern an den Rumpf kleben können.

Kork-Eisenbahn

Es lohnt sich, alte Korken nicht mehr wegzuwerfen, denn sie sind ein ideales Arbeitsmaterial für kreative Kinder.

Lok

1. Für die Lok benötigen wir 8 Weinkorken. Von 4 Korken kleben wir jeweils zwei hintereinander. Von einem der beiden Teile schneiden wir eine Scheibe von 1 cm Breite ab. Dann kleben wir die Korkenteile übereinander, wobei das längere oben liegt.

2. Von einem weiteren Weinkorken schneiden wir sechs schmale Scheiben ab – das sind die Räder. Je drei kleben wir rechts und links an unsere Lok.

3. Drei Korken werden in schmale Streifen geschnitten, zwei Mittelteile davon kleben wir als Dach zusammen. Das Mittelteil des dritten Korkens schneiden wir nochmals längs in 4 Streifen. Je zwei Streifen werden als Dachstütze an die obere Korkenreihe geklebt, darauf befestigen wir das Dach. Falls es zu lang ist, kürzen wir es noch ein wenig.

4. Aus den übriggebliebenen Teilen schneiden wir noch die Schornsteine, einen langen und zwei kurze. Zum Schluß kleben wir noch je einen Zahnstocher quer über die Räder.

Waggons

1. Die Waggons arbeiten wir aus je 4 Weinkorken. Wir schneiden 4 Räder und kleben jeweils 2 rechts und links an einen Korken. Einen weiteren Korken teilen wir wieder in 3 Streifen. Den mittleren geraden Teil schneiden wir in 4 schmale Streifen und kleben sie zu je zweien vor und hinter den Wagenkorken.

2. Übrig bleiben zwei Streifen mit runden Kanten. Wir brauchen noch einen dritten solchen Streifen und bilden damit das Dach, indem wir sie versetzt zusammenkleben. Dieses Dach setzen wir nun auf die Stangen.

3. Um die Waggons und die Lok miteinander verbinden zu können, drehen wir in jeden Korken eine Öse. Mit einem Stück Garn können wir dann die Waggons und die Lok verbinden.

KORK-EISENBAHN

Alter
ab 5 Jahre

Material
12 Weinkorken
Kleber
Küchenmesser
Küchenbrett als Arbeitsunterlage
Zahnstocher
Ösen
Garn

Wenn Schneeflocken leise
wirbeln im Kreise,
wenn's naß ist und kalt
und kahl ist der Wald,
wenn der Bratapfel duftet,
der Nikolaus schuftet,
wenn alle Leut' rennen
und Kerzen brennen,
dann wissen's alle, groß und klein:
Der Winter zieht jetzt bei uns ein!

T E R

Rasseltöpfe

RASSELTÖPFE

Alter
ab 4 Jahre
Teilnehmer
1–5 Kinder
Material
Malpapier
1 Schwamm
Schere
Wasserfarben in Rot, Gelb, Orange und Grün
Bleistift
Alleskleber
große Joghurtbecher mit Deckel und möglichst ohne Aufschrift
Herbstfrüchte

Melodien zu summen und Lieder zu singen macht kleinen Kindern erst so richtig Spaß, wenn sie dabei auch Krach machen können. Die hier gezeigten sogenannten Rasseltöpfe sind denkbar einfach nachzubasteln und können als musikalische Begleitung für das nebenstehende Lied eingesetzt werden. Es ist sinnvoll, das Material in den Töpfen hin und wieder auszutauschen und den Kindern so gleichzeitig neuen Anreiz zu bieten.

1. Wir wählen einen Joghurtbecher mit Deckel, weil er einfach zu verschließen ist und wir das Rasselmaterial problemlos austauschen können.

2. Den Becher können wir beliebig bemalen, aber für den Herbst eignen sich am besten bunte Blätter. Hierzu nehmen wir einen Bogen Malpapier und einen Schwamm. Den Schwamm schneiden wir in 4 Teile, damit wir für jede Farbe ein anderes Stück verwenden können. Jetzt tupfen wir mit einem dieser Schwämmchen eine Farbe nach der anderen auf das Blatt.

3. Während der Malbogen trocknet, pausen wir vom Vorlagebogen die Blattmotive auf festen Karton, legen die so entstandenen Schablonen auf den bemalten Bogen, umfahren sie mit dem Bleistift und schneiden sie aus.

4. Dann kleben wir die Blätter in beliebiger Anordnung auf unsere Becher.

5. Wir geben einige Herbstfrüchte hinein und fertig ist die passende musikalische Begleitung zum folgenden Lied.

Der Rasseltopf

Melodie: Der Bi-ba-Butzemann
Text: Ria Janßen

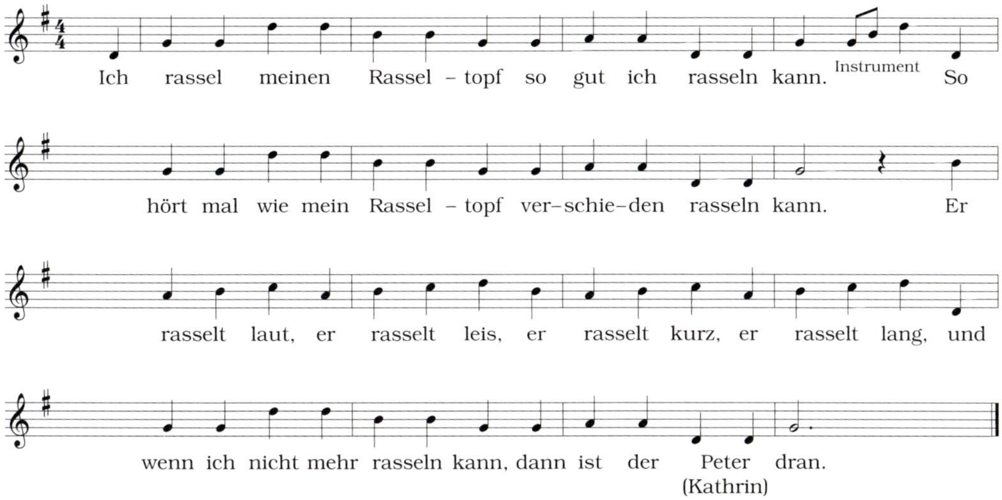

DER RASSELTOPF

Alter
ab 4 Jahre
Teilnehmer
mindestens 2 Kinder

Der Rasseltopf kann während des ganzen Liedes von uns geschüttelt werden, an der im Lied gekennzeichneten Stelle (Instrument) sollten wir ihn aber betonend einsetzen, zum Beispiel durch kräftiges Tippen auf den Tisch, den Boden oder ähnliches.

Körnerbild

KÖRNERBILD

Alter
ab 7 Jahre
Material
bunte Körner aller Art
rote Strohhalme, gebügelt
Makrameegarn oder Wollreste
Rest Spitze
Rest Buntpapier
Karton, DIN A4
Schere
Kleber
Holzspieß
Nadel
Faden
Bleistift
Pauspapier

Unser Speiseplan enthält eine Vielzahl von Früchten und Gemüsen, deren „Innenleben“ (Kerne oder Körner) normalerweise auf dem Kompost oder Abfall landen. Es lohnt sich aber, Paprikasamen, Melonen- oder Apfelkerne zu trocknen und damit zu basteln. Auch Bohnen verschiedenster Art, Linsen, Graupen oder Mais lassen sich zu einem hübschen Bild verarbeiten.

1. Wir pausen vom Vorlagebogen den Grundriß des Hauses mit allen Linien für das Fachwerk auf festen Karton.

2. Einen Rest Buntpapier schneiden wir in der Größe der Fenster zu und kleben ihn auf.

3. Jetzt schneiden wir in der Länge einer jeden Linie für das Fachwerk Makrameegarn zu und kleben die Stücke sorgfältig fest. Dabei achten wir darauf, daß auch die Enden am Rand des Hauses ein wenig Kleber erhalten, damit sie sich nicht aufzwirbeln.

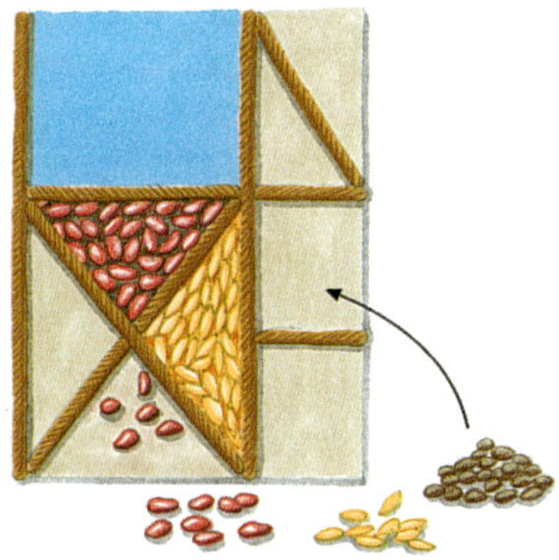

4. Nun bestreichen wir immer eine der entstandenen Flächen gut mit Kleber, streuen die Körner einer Sorte darauf und drücken sie etwas an. Größere Kerne kann man auch einzeln auflegen und vorsichtig mit Hilfe des Holzstäbchens an den gewünschten Platz rücken.

5. Sind alle Flächen belegt und getrocknet, drehen wir die Arbeit vorsichtig um. Dabei fallen alle überflüssigen Körner herunter und wir sehen, wo noch welche fehlen. Diese kleben wir dann einzeln fest.

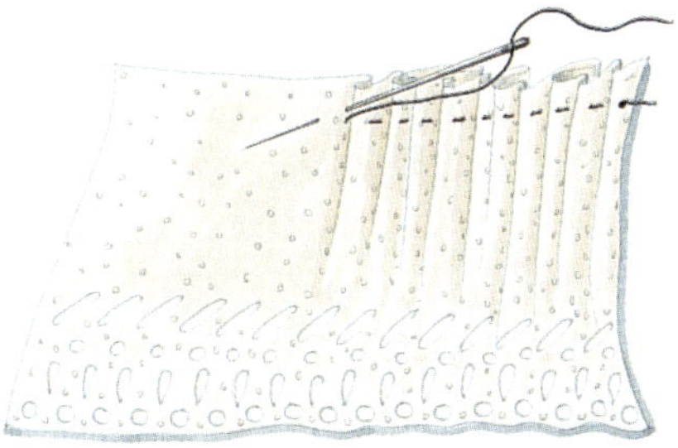

6. Einen Spitzenrest schneiden wir als Gardine zu. Er sollte fast doppelt so breit wie das Fenster sein. Mit Nadel und Faden raffen wir ihn oben auf die Breite des Fensters zusammen und kleben ihn fest.

7. Nun fehlt nur noch das Dach. Wir schneiden aus dem gebügelten Stroh „Schindeln" von etwa 2 cm Länge. Wir beginnen mit dem Kleben über den Körnern und legen die „Schindeln" Reihe für Reihe überlappend bis zur Spitze auf. Die überstehenden Randstücke schneiden wir ab.

8. Um das Bild aufhängen zu können, kleben wir auf der Rückseite einen Aufhänger an.

Walnuß-Adventskalender

WALNUSS-
ADVENTSKALENDER

Alter
ab 4 Jahre
Material
Walnüsse
Nußknacker
Goldfarbe
Pinsel
Zeitungen
als Unterlage
rotes Schleifenband
Klebstoff
kleine Leckereien zum Füllen

Dieser Adventskalender eignet sich sowohl für zu Hause, als auch für Kindergruppen. Sie können die Walnüsse mit Kleinigkeiten, wie zum Beispiel kleinen Perlen, Stickern, Haargummis, Kaugummis u. a. füllen.
Eine nette Idee wäre auch, kleine Zettel mit Gedichten oder auch Überraschungen wie zum Beispiel: „Wir gehen heute zusammen auf den Weihnachtsmarkt." oder „Wir kochen heute gemeinsam Dein Lieblingsessen.", darin zu verstecken.

1. Zuerst müssen wir die Walnüsse so vorsichtig knacken, daß die Walnußhälften möglichst ganz bleiben. Aus den Kernen können wir später Walnußtörtchen backen (s. Seite 95). Wir achten darauf, daß die zusammengehörenden Walnußhälften nebeneinanderliegen, dann ist später das Zusammenkleben einfacher.

2. Die 48 Walnußhälften bemalen wir nun auf einer mit alten Zeitungen abgedeckten Arbeitsfläche von außen mit Goldlack. Auch hierbei passen wir auf, daß die zueinandergehörenden Nußhälften nicht getrennt werden. Nachdem der Lack aufgetragen ist, lüften wir den Raum gründlich. Nun müssen wir uns 2–3 Stunden gedulden, bis der Lack getrocknet ist.

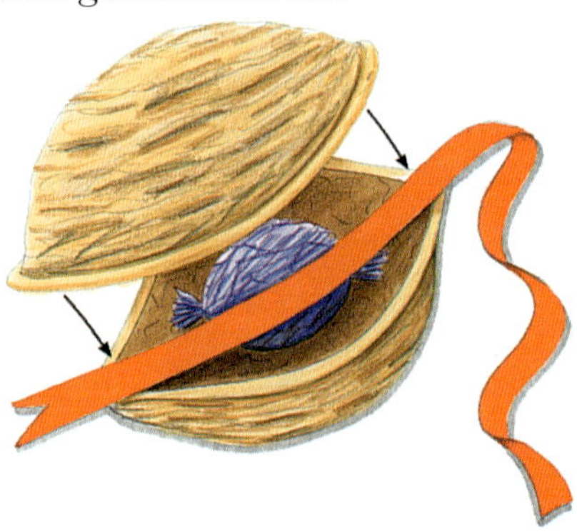

3. Eine Hälfte jeder Walnuß bestreichen wir nun am Rand mit Klebstoff. In diese Hälfte legen wir eine kleine Überraschung und kleben ein Stück Schleifenband auf. Dann wird die andere passende Hälfte der Walnuß dagegengeklebt.

4. An den Schleifenbändern können wir schließlich die Nüsse an einen Zweig oder einen Kranz hängen.

Walnußtörtchen

WALNUSSTÖRTCHEN

Alter
ab 4 Jahre
Zutaten
200 g weiche Butter
200 g Zucker
1 Prise Salz
4 Eier
2 TL Backpulver
250 g Mehl
200 g Walnüsse
1 TL Zimt
Papierbackförmchen
175 g Puderzucker
Walnußhälften zum Garnieren

Für diese Walnußtörtchen können Sie die übriggebliebenen Walnußkerne verwenden.

1. Butter, Zucker, Salz und 4 Eier rühren wir schaumig.

2. Das Mehl vermischen wir mit dem Backpulver und rühren es unter die schaumige Masse.

3. Nun reiben wir die Walnüsse mit einer Küchenmaschine oder einer Kaffeemühle und rühren sie unter den Teig.

4. Die Papierbackförmchen füllen wir etwa bis zur Mitte mit Teig und backen diese Törtchen bei 175 Grad etwa 30 Minuten im Ofen auf der mittleren Schiene.

5. 2 Eßlöffel Puderzucker verrühren wir mit etwas Wasser, so daß eine geschmeidige Masse entsteht. Damit werden dann die Walnußhälften bestrichen.

6. Wir verrühren den Zimt mit einer Tasse Puderzucker und etwas Wasser zu einem glatten Guß. Damit bestreichen wir die Törtchen und setzen zum Schluß eine halbe Walnuß darauf.
Guten Appetit!

Kork-Schachtel

KORK-SCHACHTEL

Alter
ab 8 Jahre
Material
1 cm dicke Korkplatte (Baumarkt!)
Lineal
Filzstift
Brettchen als Schneideunterlage
Messer
Zahnstocher
Kleber
Zapfen
Schoten
Moos
Dekovogel

Diese Bastelei ist für Kinder ideal, die schon gewöhnt sind, exakter zu arbeiten und mit einem scharfen Messer problemlos umgehen können.

Kleine Schachtel

1. Wir messen auf der Korkplatte ein 5,5 x 10 cm und zwei 11 x 11 cm große Stücke ab und schneiden sie vorsichtig und genau mit einem scharfen Messer aus (Unterlage bitte nicht vergessen!).

2. Wir schneiden vom Zahnstocher auf beiden Seiten je 2 cm ab. Mit einem weiteren Zahnstocher bohren wir in eine der 1 cm dicken Schmalseiten der 4 Schachtelwände je 2 Löcher vor. Die abgeschnittene Seite der Zahnstocher befestigen wir dann dort mit etwas Kleber. Die Spitzen sollten etwa 0,5 cm weit herausragen.

3. Nun können wir die Seitenteile der Schachtel zusammenfügen, indem wir die Zahnstocher als „Dübel" verwenden.

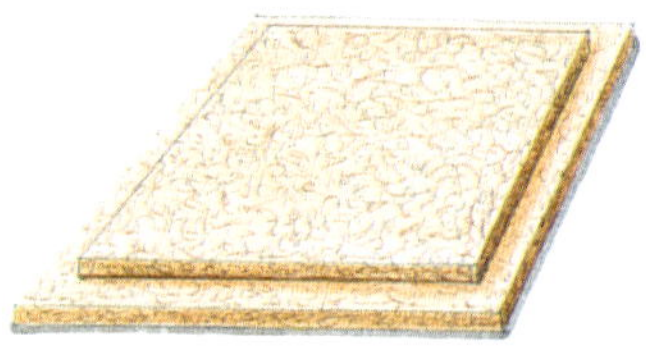

4. Den Boden befestigen wir mit der gleichen Technik, indem wir je zwei abgeschnittene Zahnstocher für jede Seite verwenden. Zur besseren Haltbarkeit bestreichen wir zusätzlich die Seitenwände dort mit Kleber, wo sie auf den Boden treffen.

5. Der Deckel wird nun etwas kniffliger. Wir müssen eine Kerbe rundherum herausschneiden, damit er auf die Schachtel paßt. Wir messen von jeder Seite 1,1 cm Breite ab und schneiden diesen Rand dann mit 0,5 cm Tiefe ab.

6. Zum Schluß fertigen wir für den Deckel unserer Geschenkschachtel noch einen Griff aus Zapfen oder Schoten.

Große Schachtel
Hierfür benötigen wir je zwei 8 x 18 cm, 8 x 9 cm und 11 x 18 cm große Korkteile, die wir wie eben beschrieben zusammenfügen. Auch hier schneiden wir einen 1,1 cm breiten und 0,5 cm tiefen Rand in die Deckelunterseite. Als Griff dient ein kleiner Vogel in seinem Nest.

Untersetzer aus Flechtband

Makrameegarn ist zwar steifer als Wolle und deshalb etwas schwieriger zu verarbeiten, hat aber den Vorteil, daß die Untersetzer wirklich etwas aushalten und noch dazu hübsch aussehen; sie sind ein nettes Geschenk, das auch noch in letzter Minute gemacht werden kann.

1. Wir schneiden drei Kordelstücke von je 2 Metern Länge ab. Dies ergibt einen fertigen Untersetzer mit 13 cm Durchmesser. Die Enden der Kordel verknoten wir oder umwickeln sie fest mit einem Faden.

2. Mit einer Sicherheitsnadel befestigen wir das Ende an einem Kissen oder hängen es an einen Türgriff, und schon können wir mit dem Flechten beginnen. Das Ende der Flechtarbeit wird fest mit dem Faden umwickelt, ebenso der Anfang, falls wir nur einen Knoten gemacht haben.

3. Nun rollen wir den geflochtenen Strang zu einer Schnecke und nähen gleich von Beginn an die nebeneinander liegenden Strangteile in ca. 0,5 cm großen Stichen fest. Aufpassen: Der Untersetzer darf sich nicht nach einer Seite wölben! Wir vermeiden dies, indem wir die Schnecke flach auf den Tisch legen, nur von einer Seite nähen und nicht durch die Arbeit auf die andere Seite durchstechen.

4. Soll der Untersetzer größer werden, schneiden wir entweder die Makrameegarnstücke länger ab oder flechten einen zweiten Zopf, den wir anschließend an das Ende des ersten annähen.

5. Das Ende des Stranges muß gut vernäht werden, damit die Arbeit später nicht aufgeht – fertig!

UNTERSETZER AUS FLECHTBAND

Alter
ab 5 Jahre (mit Hilfe eines Erwachsenen)
Material
Makrameegarn
Nadel
Faden
Sicherheitsnadel

Wichtel

WICHTEL

Alter
ab 6 Jahre
Material
Holzkugeln, Ø 3 cm
Deckweiß
Pinsel
Filzstifte
etwas Karton
Pauspapier
Bleistift
Schere
roter Filz
Holzleim
Kiefernzapfen
Baumwollwatte
Nadel
Faden

Diese Wichtel aus Kiefernzapfen sind eine wunderschöne Dekoration für Tannenbäume oder Tannenzweige. Kleinere Kinder benötigen für diese Wichtel, vor allem beim Zusammenkleben der Mützen, Ihre Hilfe.

1. Zuerst bemalen wir die Holzkugeln als Wichtelgesichter. Dazu zeichnen wir zuerst die Augen mit Deckweiß auf, lassen sie trocknen, und malen dann Pupillen und Nase mit Filzstift auf.

2. Die Vorlage für die Mütze übertragen wir auf Karton und schneiden sie aus. Nun können wir mit der Kartonschablone die Form auf den Filz zeichnen, ausschneiden und zusammenkleben.

3. Mit Holzleim befestigen wir nun die Holzkugel auf den Tannenzapfen und die Mütze auf der Holzkugel.

4. Dann kleben wir dem Wichtel noch den Bart und den Mützenbesatz aus Watte auf.

5. Damit wir den Wichtel auch aufhängen können, ziehen wir zum Schluß noch einen Faden durch seine Mütze.

Wandschmuck in Gold

Wenn man den grauen und braunen Früchten und Schoten ein wenig Farbe gibt, wird ganz leicht ein dekorativer Wandschmuck daraus.

1. Wir legen alle Materialien vor uns auf eine Unterlage und arrangieren darauf die Früchte und Schoten. Dann heben wir die obersten Früchte und Zapfen zur Seite und kleben die unteren mit reichlich Kleber zusammen. Nach jedem Schritt warten wir, bis der Kleber gut getrocknet ist.

2. In der Zwischenzeit formen wir aus etwa 6 cm Draht eine große Schlinge und kleben sie oben als Aufhänger an die Arbeit.

3. Die anderen Früchte kleben wir nun ebenfalls nacheinander an und verdecken damit die Schlinge.

4. Nachdem unser Arrangement gut getrocknet ist, lackieren wir es mit Goldbronze. Wir können die Farbe mit einem Pinsel auftragen; schneller geht es aber mit einem Spray.

Wir müssen dazu aber eine große Unterlage verwenden und die Finger mit Einmal-Handschuhen schützen.

WANDSCHMUCK IN GOLD

Alter
ab 7 Jahre
Material
Platanenkugeln
Mohnschoten
Robinienschoten
Erlenzapfen
Tannenzapfen
Austernpilze
Islandmoos
Schafgarbe
Draht
Kleber
Schere
Goldbronzelack
Unterlage

Der Streit der Bäume

DER STREIT DER BÄUME

Alter
ab 5 Jahre
Teilnehmer
5 Kinder
Material
eventuell grüne Umhänge für die Bäume mit den entsprechenden Früchten aus Tonpapier als Verkleidung

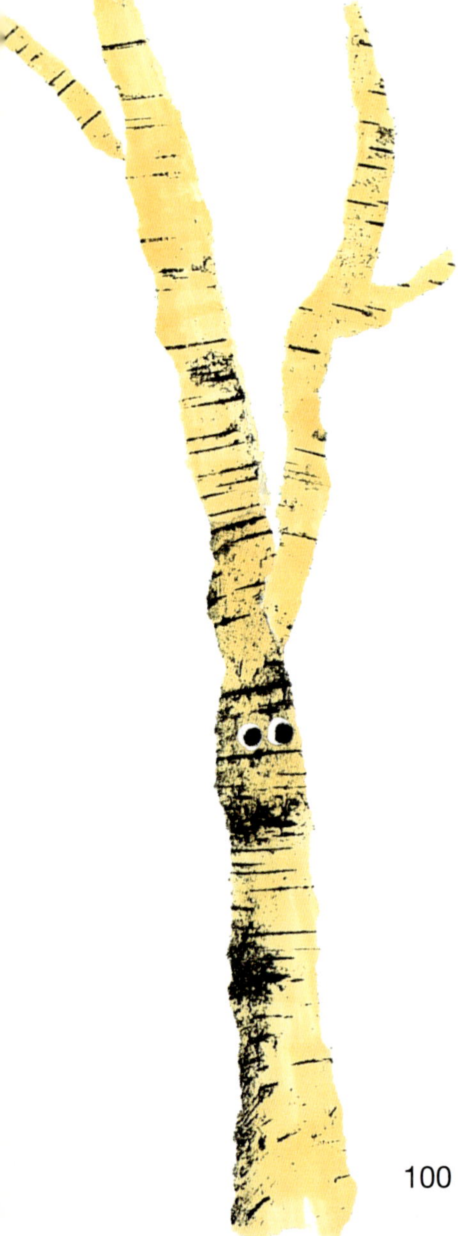

Kleines Theaterstück nach einer Geschichte von Wilhelm Curthmann.

Dieses Theaterstück läßt sich leicht nachspielen und ist deshalb auch für kleinere Kinder gut geeignet. Vielleicht führen sie es anläßlich einer Feier in der Vorweihnachtszeit auf?

Erzähler: Die Bäume stritten einmal miteinander, wer von ihnen der vornehmste wäre. Da trat die Eiche hervor und sagte:

Eiche: „Seht mich an! Ich bin groß und kräftig. Ich habe viele Äste, und meine Zweige sind reich an Früchten und Blättern."

Pfirsichbaum: „Früchte hast du wohl, aber es sind nur Früchte für die Schweine. Menschen mögen sie nicht essen. Aber ich liefere die Pfirsiche für die Tafel des Königs."

Apfelbaum: „Das hilft dir nicht viel. Von deinen Pfirsichen werden nur wenig Leute satt. Sie halten nur wenige Wochen, dann werden sie faul und niemand kann sie mehr essen. Ich dagegen trage alle Jahre Körbe voll Äpfel, die brauchen sich nicht zu schämen, wenn sie auf die Tafel des Königs gesetzt werden. Sie machen aber auch die armen Leute satt. Ich bin der nützlichste Baum."

Fichte: „Das bildest du dir ein, aber du irrst dich. Mit meinem Holz baut man Häuser und heizt Öfen. Mich schneidet man zu Brettern und macht Tische, Stühle und Schränke daraus. Außerdem bin ich im Winter nicht so kahl wie ihr: Ich bin das ganze Jahr hindurch grün. Und ich allein habe noch einen Vorzug: Wenn es Weihnachten wird, holen mich die Leute in ihr Zimmer und schmücken mich. Über mich freuen sich die Kinder am allermeisten! Ist das nicht wahr?"

Orangenduftkerzen

ORANGENDUFT-KERZEN

Alter

ab 4 Jahre (mit Hilfe eines Erwachsenen)

Material

Orangen
Messer
Zitronenpresse
Schere
Kerzendocht
Leim
Stöckchen
Kerzenreste
1 altes Marmeladenglas
flacher Topf
Duftöl
Topflappen

Wunderbar duften diese selbstgegossenen Kerzen, da sie mit Duftöl hergestellt werden. Sie sind ein schönes Geschenk, das auch kleinere Kinder mit ein wenig Hilfe herstellen können.

1. Wir schneiden die Orange etwas oberhalb der Mitte auf.

2. Vorsichtig pressen wir die Orange aus, der Rand sollte möglichst nicht einreißen.

3. Jetzt schneiden wir ein Stück von dem Kerzendocht ab und kleben ein Ende davon in der Orange auf dem Boden fest. Das geht ganz gut mit Expressleim. Wenn der Docht festgeklebt ist, nehmen wir ein Stöckchen und binden das andere Dochtende daran fest. Das Stöckchen legen wir über die Öffnung der Orange. Der Docht sollte vom Boden bis zum Stock eine gerade Linie bilden, aber auch nicht zu stramm sitzen.

4. Die Kerzenreste zerkleinern wir mit einem Messer und füllen die Wachsstücke in ein altes sauberes Marmeladenglas.

5. Das Marmeladenglas mit den Wachsstücken stellen wir in einen Topf mit Wasser und erwärmen das Ganze auf dem Herd bei mittlerer Hitze.

6. Wenn das Wachs geschmolzen ist, träufeln wir einige Tropfen Duftöl hinein.

7. Wir nehmen das Glas vorsichtig mit einem Lappen aus dem Topf und gießen den flüssigen Wachs in die Orange.

8. Der Wachs muß nun härten, dann können wir den Docht etwa 2 cm über der Wachsschicht abschneiden.

Orangenpunsch

ORANGENPUNSCH

Alter
ab 4 Jahre
Zutaten
Topf
1 l Früchte- oder Hagebuttentee
5 Orangen
2 Zitronen
Zitronenpresse
1 Vanilleschote
1 Beutel Glühweinfix
100 g brauner Kandiszucker

Dieses vitaminreiche Getränk, für das Sie natürlich auch den frisch gepreßten Orangensaft für die Duftkerzen (Seite 102) verwenden können, schmeckt den Kindern sicher besonders gut, wenn sie es unter Ihrer Anleitung selbst zubereiten dürfen.

1. Wir füllen den Tee zusammen mit dem ausgepreßten Saft der Orangen und Zitronen in einen Topf.

2. Wir halbieren die Vanilleschote und geben sie zusammen mit dem Glühweinfixbeutel ebenfalls in den Topf.

3. Bei mittlerer Hitze erwärmen wir das Ganze, süßen mit Kandiszucker und fertig ist unser Punsch.

Winterblüher

WINTERBLÜHER

Alter
ab 4 Jahre
Teilnehmer
allein oder in einer Gruppe

Im Winter blüht doch nix! Tatsächlich nicht? Versuchen könnte man es aber trotzdem. Nehmen Sie zu einem gemeinsamen Spaziergang doch einfach mal eine Gartenschere mit. Zwar ist nirgends ein Blatt und schon gar keine Blüte zu sehen, doch bei genauerer Betrachtung unterscheiden sich auch die kahlen Zweige in ihrer Farbe und Form voneinander.

1. Wir sammeln die verschiedensten Zweige, indem wir je einen mit der Gartenschere abschneiden und zu Hause in eine Blumenvase mit Wasser stellen.

2. Nun kann es Wochen dauern, bis etwas geschieht. Wir müssen nur daran denken, regelmäßig frisches Wasser nachzufüllen.

3. Schließlich fängt doch der eine oder andere Zweig an zu blühen, oder Blätter zu bilden. Jetzt können wir mit Hilfe eines Pflanzenbestimmungsbuches nachschauen, von welchem Baum oder Strauch der betreffende Zweig ist. Im Frühling können wir versuchen, sie draußen wiederzuerkennen.

Erbsenlabyrinth

ERBSENLABYRINTH

Alter
ab 6 Jahre
Material
1 Sperrholzbrettchen (ca. Postkartengröße)
verschiedene Hülsenfrüchte oder Körner
Klebstoff
Schere
Papier
Filzstift
eventuell dünne Holzleiste
1 kleine Säge
evtl. Stoppuhr

Wenn Sie einige getrocknete Erbsen oder Körner aus der Küche opfern und vielleicht auch beim Zuschneiden der Umrandung behilflich sind, dürfen Sie zur Belohnung sicher auch einmal die Erbse durchs Labyrinth rollen lassen.

1. Wenn wir eine dünne Holzleiste finden, die uns ein Erwachsener sägt, leimen wir die Leisten so um das Sperrholzbrettchen, daß an zwei Seiten je eine Lücke von 1 cm stehenbleibt. Sonst kleben wir einen Rand aus getrockneten Erbsen auf.

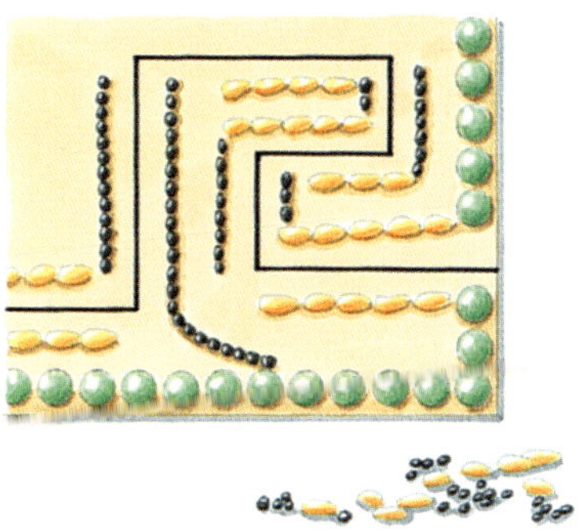

2. Nun legen wir einen verschlungenen Weg an, den wir mit Hülsenfrüchten oder Körnern einfassen. Wir können den Weg mit Filzstift markieren, oder wir schneiden Papierstreifen in Bleistiftdicke zu, die wir in unterschiedlich lange Stücke teilen und als Labyrinth auf das Brettchen legen. Wenn uns die Anordnung gefällt, zeichnen wir rund um die Papierstreifen dünne Bleistiftstriche, auf die wir die Einfassung kleben.

3. Der Weg muß immer so breit sein, daß eine Erbse durchpaßt, ohne anzustoßen. Als Hindernisse lassen wir einige Lücken offen.

4. Ist unser Labyrinth gut getrocknet, können wir mit dem Spiel beginnen. Wir versuchen, die Erbse vom Start zum Ziel zu bewegen, ohne daß sie durch eine Lücke fällt. Das geht am besten durch Balancieren des Brettchens oder Pusten. Wir können das Spiel aber auch zu zweit spielen: Während einer versucht, die Erbse möglichst schnell ans Ziel zu bringen, stoppt der andere mit einer Stoppuhr die benötigte Zeit. Danach wird getauscht.

Futterhäuschen

FUTTERHÄUSCHEN

Alter
ab 6 Jahre
Material
wasserfestes Sperrholz (etwa 5 mm dick)
3 cm dicke Äste
Lineal
Bleistift
Laub- oder Stichsäge
Kartonrest
Schere
Schmirgelpapier
wasserfeste Farbe in Rot und Gelb
Pinsel
1 schwarzer wasserfester Filzstift
Holzleim
Ringschraube
Kordel
Vogelfutter

Bei diesem Futterhäuschen benötigen die Kinder vor allem beim Sägen Ihre Hilfe. Aufgehängt wird das Futterhäuschen am besten an einem wettergeschützten Platz, man kann es aber auch auf einen Baumstamm stellen. Schon bald werden sich die ersten gefiederten Gäste einstellen.

1. Für das Dach sägen wir aus dem Sperrholz ein 32 x 24 cm großes Stück. Aus einem Kartonrest schneiden wir eine Halbkreisschablone und malen damit auf einer langen Seite des Dachstückes die Dachziegel auf. Mit einer Laub- oder Stichsäge sägen wir diese Ziegelreihe aus. Die Sägeränder schleifen wir mit Schmirgelpapier glatt.

2. Das Dachstück lackieren wir dann von beiden Seiten mit roter wasserfester Farbe. Nachdem die Farbe getrocknet ist, malen wir mit einem wasserfestem Filzstift die Dachziegel auf.

3. Für den Boden des Futterhäuschens sägen wir dann ein Stück von 20 x 25 cm und zwei Leisten von 2 cm Breite und 25 cm Länge, sowie zwei Leisten von 2 cm Breite und 19 cm Länge zu.

9. Nachdem wir das Futterhäuschen mit Vogelfutter ausgestreut haben, sollten wir daran denken, es immer nach einigen Tagen zu reinigen, da die Vögel sonst krank werden könnten.

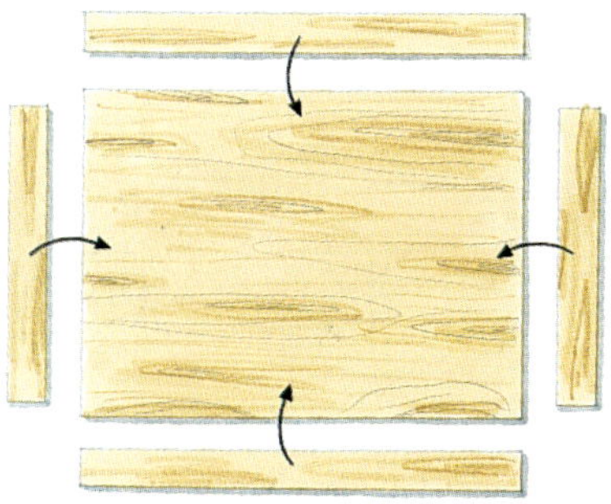

4. Die längeren Leisten leimen wir nun oben und unten auf dem Boden unseres Futterhäuschens fest. Am besten geht dies mit Expreßleim, da er sehr schnell trocknet. Bis zum Trocknen können wir die Leisten auch mit „Leimklemmen“ am Boden fixieren.

5. Dann leimen wir die beiden kürzeren Leisten links und rechts am Boden fest.

6. Aus den Ästen sägen wir nun je zwei 15 cm und 13 cm lange Stücke. Je ein Ende der vier Aststücke sägen wir schräg an.

7. Die vier Aststücke leimen wir in den vier Ecken des Bodens fest. Sind die Äste gut angetrocknet, bestreichen wir die Schrägen mit Leim und setzen das Dach auf die Äste. Bevor wir das Futterhäuschen zum Einsatz bringen, müssen wir den Leim gut trocknen lassen.

8. Soll das Futterhäuschen hängen, bohren wir genau in der Dachmitte eine kleine Ringschraube fest. Durch den Ring ziehen wir eine starke Kordel, daran können wir unser Futterhäuschen aufhängen.

Jahreszeitenkalender

JAHRESZEITEN-KALENDER

Alter
ab 4 Jahre
Material
Tonkarton in Gelb, Rot, Weiß, Grün und Blau
Schere
Klebstoff
wasserfeste Farben
Pinsel
Musterklammer

Dieser Kalender ist vor allen Dingen für Kindergärten und Vorschulen gut geeignet; aber sicher auch im Kinderzimmer eine hübsche und zugleich lehrreiche Dekoration. Sie können das ganze Jahr über mit ihm arbeiten. Beginn ist jeweils das neue Kindergarten- oder Vorschuljahr. Jede Jahreszeit wird durch eine bestimmte Farbe gekennzeichnet, die dann bei verschiedenen Aktivitäten, zum Beispiel Geburtstagsfeiern, eine Rolle spielen kann: Wurde eines der Kinder im Sommer geboren, und die Farbe des Sommers ist Gelb, erhält es auch eine gelbe Geburtstagskrone, der Geburtstagstisch kann farblich passend dekoriert werden usw. Es macht den Kindern sicher Spaß zu sehen, welches Fest als nächstes naht, welches Kind demnächst Geburtstag hat oder wann der Zeiger von einer Jahreszeit in die andere wechselt.

1. Wir kleben vier Tonkartonbögen zu einem Rechteck zusammen:
Für den Sommer verwenden wir Gelb (intensive Sonne, lange helle Tage), für den Herbst Rot (die Natur färbt sich), für den Winter Weiß (Kälte, Schnee, Eis) und für den Frühling Grün (die Natur erwacht).

2. Ein großer Kreis, den wir mit einem Pinsel in Schwarz aufmalen, kennzeichnet den Jahreslauf.

3. In die Mitte des Kreises kleben wir eine Sonne. Ihre Form können wir vom Vorlagebogen abpausen und auf gelbes Tonpapier übertragen. Für den Zeiger, den wir ebenfalls in der Mitte des Kalenders mit einer Musterklammer befestigen, verwenden wir blaues Tonpapier. Die Vorlage für den Zeiger finden wir auch auf dem Vorlagebogen.

4. Zu jeder Jahreszeit zeichnen wir einen Baum oder kleben ihn auf.

5. Wir erweitern den Kalender, indem wir Bilder von Ereignissen oder Festen der jeweiligen Jahreszeit am Kreisrand entlang aufkleben.

6. Jeder kann, wenn er möchte, ein Foto von sich mitbringen. Dieses kleben wir dann, dem Geburtstag entsprechend, auf. Wir haben dann viele Sommerkinder, einige Winterkinder, ...

REGISTER

Im FALKEN Verlag sind zahlreiche Titel zum Thema „Kinderbeschäftigung“ erschienen. Sie sind überall dort erhältlich, wo es Bücher gibt.

Die Deutsche Bibliothek – CIP-Einheitsaufnahme

Basteln mit Naturmaterialien rund ums Jahr für Kinder ab 4 Jahren. – Niedernhausen/Ts. : FALKEN, 1995
(Lauter tolle Sachen, die Kinder gerne machen)
ISBN 3-8068-4765-7

ISBN 3 8068 4765 7

Umschlaggestaltung: Andreas Jacobsen
Gestaltung: Christa Johanna Gramm
Redaktion: Uta Koßmagk
Herstellung: Michael Greiss
Titelbild: Photo Illustrations Ltd., London
Fotos: Photo Illustrations Ltd., London
Beiträgerinnen: Myriam Ganser, Belgien (S. 14/15, 31, 40, 108/109); Claudia Hüfner, Frankenthal (S. 20, 28–30, 60/61, 78–81, 86/87, 92/93, 96/97, 99); Ria Janßen, Moers (S. 66/67, 70–75, 82–85, 90–91, 100/101); Monika Neubacher-Fesser, Hannover (S. 24/25, 34/35, 42/43, 46/47, 52/53, 58/59); Iris Prey, Hamburg (S. 12/13, 20/21, 26/27, 32/33, 38/39, 44/45, 48–51, 54–57, 68/69, 76/77, 104/105); Doris Velte, Biebertal (S. 10/11, 16–19, 22/23); Sigrid Wetzel-Maesmanns, Krefeld (S. 41, 64, 94/95, 98, 102/103, 106/107)
Zeichnungen: Ulrike Hoffmann, Bodenheim
Ausreißillustrationen: Ilse Stockmann-Sauer, Offenbach/Main
Reinzeichnung des Vorlagebogens: Ulrike Hoffmann, Bodenheim

Satz: Raasch & Partner GmbH, Neu-Isenburg
Druck: Ernst Uhl, Radolfzell

817 2635 4453 6271